_____ 님의 소중한 미래를 위해
이 책을 드립니다.

부모의
말 한마디
행동 하나가
아이를 바꾼다

기적 같은 변화를 불러오는 부모의 소통법

부모의
말 한마디
행동 하나가
아이를 바꾼다

남동우 지음

메이트북스

메이트북스 우리는 책이 독자를 위한 것임을 잊지 않는다.
우리는 독자의 꿈을 사랑하고,
그 꿈이 실현될 수 있는 도구를 세상에 내놓는다.

부모의 말 한마디, 행동 하나가 아이를 바꾼다

초판 1쇄 발행 2019년 10월 1일 | **지은이** 남동우
펴낸곳 ㈜원앤원콘텐츠그룹 | **펴낸이** 강현규·정영훈
책임편집 안정연 | **디자인** 최정아
마케팅 이기은 | **홍보** 이선미·정채훈·정선호
등록번호 제301-2006-001호 | **등록일자** 2013년 5월 24일
주소 04778 서울시 성동구 뚝섬로1길 25 서울숲 한라에코밸리 303호 | **전화** (02)2234-7117
팩스 (02)2234-1086 | **홈페이지** www.matebooks.co.kr | **이메일** khg0109@hanmail.net
값 15,000원 | **ISBN** 979-11-6002-251-3 03370

이 도서의 국립중앙도서관 출판시도서목록(CIP)은 e-CIP홈페이지(http://www.nl.go.kr/ecip)에서
이용하실 수 있습니다.(CIP제어번호 : CIP2019034890)

교육이란 화를 내지 않고, 자신감을 잃지 않으면서도
모든 것에 귀 기울일 수 있는 능력이다.

· 로버트 프로스트 ·

사랑은 외국어를
배우는 것처럼

아이에게 부모의 사랑은 절대적이다. 부모의 사랑은 아이를 행복하게 해준다. 어떤 아이로 성장하고 성숙할 것인지를 결정짓는 가장 큰 요인 중 하나도 부모의 사랑일 것이다. 부모의 사랑은 자녀의 욕구와 특성에 맞게 전달되어야 한다. 자녀를 행복하게 해주는 방법을 모른다면 자녀를 위험에 빠뜨릴 수도 있기 때문이다.

예를 들어, 선인장을 사랑한다고 매일 물을 주거나, 콩나물에는 가끔씩만 물을 준다면 선인장의 뿌리는 썩고, 콩나물은 말라서 죽을 것이다. 선인장과 콩나물은 그것들의 특성에 맞게 선인장은 가끔씩만 물을 주고, 콩나물은 매일 충분하게 물을 주어야만 잘 자랄 수 있다.

어떻게 해야 부모의 사랑이 자녀의 행복으로 이어질 수 있을까? 자녀가 부모의 사랑을 경험할 수 있는 언어로 소통하는 것이다. 오스트리아 출신 언어철학자인 비트겐슈타인Ludwig Wittgenstein은 "사랑은 외국어를 배우는 것처럼 하라"고 말했다.

강아지를 잘 키우기 위해서는 강아지가 행복할 수 있는 언어로, 듣지 못하는 친구와 소통하기 위해서는 수화로, 중국 친구와 소통하기 위해서는 중국어로 소통해야 한다. 마찬가지로 사랑하는 자녀가 행복하게 성장하기 위해서는 부모의 사랑을 자녀가 잘 경험하고 이해할 수 있는 언어로 소통해야 한다.

행복하게 성장하는 자녀의 특징은 '자기다움'과 '함께 즐거움'이다. '자기다움'은 자신과 타인 그리고 상황 모두를 존중하는 데서 오는 높은 자아존중감이고, '함께 즐거움'은 자신과 상대의 입장을 인정하고 감정을 공감하며 배려를 실천하는 사회성이다. 자녀가 이런 방향으로 성장하기 위해서는 부모의 진정 어린 사랑을 자녀가 경험할 수 있도록 자녀와 효과적으로 소통해야 한다. 이 책은 자녀의 행복한 성장을 위해서 부모가 효과적으로 소통하는 데에 필요한 지식과 노하우를 담고 있다.

약 2년 전 이 책의 저술을 의뢰받았을 때 필자는 자녀와 효과적으로 소통하는 데 도움을 받을 수 있는 실제적인 가이드북을 만들어보고자 했다. 이 과정에서 필자가 전공한 가족치료학의 이론과 십수 년간 미국과 한국에서 진행하면서 경험했던 상담사례를

이 한 권에 담았다(본서에 포함된 사례들은 내담자의 동의를 얻어 게재 했으며, 그렇지 않은 경우는 개인 신상이 드러나지 않도록 내용을 각색한 것임을 밝힌다).

본서는 총 8장으로 구성되어 있다. 1장 '아이의 미래는 부모의 소통 방식에 달려 있다'에서는 부모의 소통 방식과 아이의 자존감 사이의 관계를 보여준다. 2장 '아이는 부모와의 소통을 통해 강해진다'는 부모의 양육 태도와 아이의 애착 유형 그리고 애착을 높이는 활동들을 소개한다. 3장 '아이의 뇌는 스트레스에 많은 영향을 받는다'에서는 뇌의 기능과 스트레스 그리고 대화에 필요한 조건에 관해서 다룬다. 4장 '아이의 부적응에는 반드시 사연이 있다'에서는 부적응하는 아이 이면에 있는 스트레스의 양상을 보여준다.

5장 '아이의 행복한 적응력을 키우는 훈육법'에서는 아이의 높은 자존감과 사회성을 위해서 부모가 꼭 알아야 할 지식과 코칭 방법을 알려준다. 6장 '부모의 분노 조절이 아이의 자존감을 지켜준다'에서는 화와 '욱'의 차이점을 설명하고, '욱'을 조절하기 위한 방법들을 소개한다. 7장 '우리 아이를 튼실하게 키우기 위한 안전 공감 대화법'에서는 대화를 즐기기 위해서 필요한 말하기와 듣기의 '룰(Rule)'을 소개하고 그 활용법을 제시한다. 8장 '부부의 '괄호'부터 먼저 풀어라'에서는 행복한 가족의 특징을 보여주고, 가족 중심의 시간 관리법을 제시한다.

필자가 이 책을 저술하기까지 많은 분들의 도움을 받았다. 상담

공부를 시작할 때 길을 인도해주신 정동섭 교수님, 이마고 대화법의 세계를 소개해주신 오제은 데이브레이크 대학 총장님, 더 나은 학자가 될 수 있도록 지도해주시는 박승민 숭실대학교 기독교학과 교수님, 본서를 저술하는 과정에서 필요한 자료들을 정리해준 하이브가족상담센터의 양희재 전 직원에게 고마움을 전한다.

필자를 이 책의 저자로 초대해주고, 2년이 넘는 시간 동안 긍정적인 믿음을 잃지 않고 기다리고 격려해주신 메이트북스의 대표님과 책이 출간되기까지 수고해주신 직원분들에게 감사의 말씀을 전한다.

필자가 한 책의 저자로 '이륙'하는 이번 첫 '비행'에 기도와 격려를 아끼지 않으시며 '비행장'이 되어주신 아버지와 아낌없이 조건 없는 사랑으로 '비행기에 연료를 넣어주신' 어머니 그리고 드넓은 창공으로 날아갈 수 있도록 하늘 길을 열어주신 하나님께 가장 크고 깊은 감사를 드린다.

하이브가족상담센터 소장 남동우

Contents

● Chapter 1 ────────────────────

아이의 미래는
부모의 소통 방식에 달려 있다

● Chapter 2 ────────────────────

아이는 부모와의
소통을 통해 강해진다

사랑은 행복을 경험하게 해주는 것이다. 심리학자 아브라함 매슬로우에 따르면 아이에게는 다양한 욕구가 있고 그것이 충족되는 과정에서 행복을 경험한다. 자녀의 욕구를 채워주는 과정에는 부모의 따뜻한 태도와 언어의 일관성 그리고 일치적으로 소통하는 기술이 필요하다. 부모의 소통 방식에 따라서 아이의 자존감이 결정된다. 높은 자존감을 가진 아이는 공감능력과 사회성이 좋고, 더 자주 행복감을 경험한다. 하지만 낮은 자존감을 가진 아이는 작은 일에서 쉽게 상처받고, 위축되거나 공격적이 되고, 행복감을 느끼는 것을 어려워한다.

★

chapter 1

아이의 미래는 부모의 소통 방식에 달려 있다

부모의 사랑이 자녀의 행복으로
이어지게 하려면?

어떻게 해야 부모의 사랑이 자녀의 행복으로 이어질까?
아이의 욕구단계를 이해하고 적절하게 채워주자.

사랑은 자신의
경험을 통해서 알 수 있다

최근 인터넷 서핑을 하다가 눈에 들어온 기사 하나가 있다. 〈국민일보〉에서 5세부터 74세 사이의 사람들을 대상으로 인터뷰한 기사다. 사람들에게 건넨 질문은 "당신에게 사랑이란 무엇인가요?"였다. 이 질문에 대해 각 연령대를 대표(?)하는 사람들의 답변은 다음과 같았다.

5세 : 엄마랑 아빠랑 사랑하기.

6세 : 친구랑 같이 놀기.

7세 : 가족들이 함께 다 같이 웃어주는 거요.

10세 : 불타오르는 사랑?

13세 : 잘 모르겠어요.

15세 : 아직 연애 경험이 없어서 잘 몰라요.

18세 : 다른 사람을 위해서 희생할 수 있는 것.

25세 : 나를 나로 살게 하는 용기.

34세 : 가족이요.

41세 : 저희 부모님이 해주시는 것 같은 것, 그게 사랑인 것 같습니다.

51세 : 상대편을 항상 생각하는 마음.

63세 : 사랑이란… 어렵다.

66세 : 결론을 아직 못 내렸어요. 정답이 없을 것 같아요.

67세 : 밥이요. 매일 먹는 밥.

70세 : 사랑을 못 느껴서 몰라.

74세 : 받으려고 하지 말고 내가 주는 사랑. 그런 사랑을 하고 싶습니다.

당신이 동일한 질문을 받았다면 무엇이라고 대답할 것인가?

나에게 사랑은 (_____)이다.

많은 책과 노래의 가사 그리고 영화가 사랑에 대해 이야기한다. 고대 그리스의 철학자인 아리스토텔레스는 이러한 사랑을 육체적인 사랑인 에로스Eros, 친구 간의 사랑인 필리아Philia, 오래 알고 지내면서 무르익은 사랑인 스토르게storge, 자비롭고 무조건적인 사랑인 아가페agape라고 분류하기도 했다. 하지만 "사랑이 '이것'이다"라고 명확하게 말하기는 쉽지 않다. 사랑은 눈에 보이지 않기 때문이다.

눈에 보이지 않음에도 불구하고 사람들은 사랑이 존재한다는 것을 믿는다. 마치 공기가 눈에는 보이지 않지만 대기 중에 가득하다는 것을 의심하지 않는 것처럼 말이다. 그런데 사람들은 눈에 보이지도 않는 사랑이 존재한다는 것을 어떻게 그토록 확신할 수 있는 것일까?

그 이유는 사람들이 사랑을 '경험'했기 때문이다. 따뜻한 미소와 함께 밥을 먹여주시던 엄마의 손, 목마를 태워주시던 아빠의 어깨, 수영장에서 바닥에 발이 닫지 않아 허우적거릴 때 팔을 뻗어 꺼내주었던 누군가의 팔, 조금이라도 쉽고 재미있게 가르치려 노력하셨던 선생님의 열정, 사랑하는 연인을 만나기 전의 설레던 마음, 열이 높은 아이를 안고 병원 문을 향해 달리시던 부모님의 긴박한 발걸음 등에서 우리는 보이지 않는 사랑을 볼 수 있었다. 노래는 불러야만 들을 수 있는 것처럼 사랑은 경험했을 때만 그 존재를 알 수 있다.

앞서 질문한 "나에게 사랑은?"에 대한 필자의 대답은 "행복하게 해주는 것"이다. 사랑하면 사랑하는 대상을 행복하게 해주고 싶다. 나를 사랑하는 사람은 나를 행복하게 해주고 싶다. 반려견을 사랑하는 사람은 반려견을 행복하게 해주고 싶고, 배우자를 사랑하니까 행복하게 해주고 싶으며, 자녀를 사랑하니까 자녀가 건강하게 성장해서 행복하게 살 수 있도록 온갖 지원을 아끼지 않는 것이다.

그렇다면 사람이 행복해진다는 것은 무엇을 말하는 것일까? 인간의 행복에 대해 알려면 욕구 단계에 대해 이해할 필요가 있다.

아이의 행복에 대해 알려면
아이의 욕구 단계부터 이해하자

심리학자인 에이브러햄 매슬로우Abraham Maslow에 따르면 인간은 다양한 욕구가 만족스럽게 채워질 때 행복감을 느낀다. 그에 따르면 인간의 욕구는 총 5가지가 있고, 인간은 그것이 만족되는 과정에서 행복을 경험한다.

1단계는 의, 식, 주, 수면 등의 기본적인 욕구다. 배가 고플 때, 생리현상이 급할 때, 피곤해서 너무 졸릴 때, 추운 데서 발을 동동 구를 때 사람은 오로지 먹는 것, 화장실에 가는 것, 잠자는 것, 따뜻한 방의 이불 속에 들어가 몸을 녹이는 일이 중요하다. 사람은 생존과 관련이 있는 1단계의 욕구 충족을 가장 우선시한다(아이의 기본적인 욕구와 관련한 접촉과 놀이 등에 관해서는 본서 2장에서 다룬다).

2단계는 안전에 대한 욕구다. 아이가 공원이나 놀이터에서 마음껏 뛰어놀 수 있는 것은 부모와 아이가 그곳을 안전하다고 판단했기 때문이고, 아이가 부모 앞에서 편하게 행동하거나 대화할 수 있는 것은 부모가 안전하다고 느끼기 때문이다. 즉 아이는 부모가 안전하다고 느낄 때만 편하고 즐겁게 놀고 대화할 수 있다.

반면에 아이가 부모를 안전하다고 느끼지 못하면 아이는 안전이 확인될 때까지 즐겁게 놀거나 대화할 수 없다. 예를 들어 아빠나 엄마가 욱해서 소리를 지르며 야단을 치면 아이는 안전감을 느낄 수 없게 되고, 방어적이 되거나 반항적이 된다(아이의 안전 욕구와 관련된 아이의 스트레스와 부적응 그리고 부모의 분노 조절에 관해서는 본서 3장, 4장 그리고 6장에서 다룬다).

3단계는 소속감의 욕구 혹은 연결감의 욕구다. 사회심리학자인 에리히 프롬Erich Fromm은 『사랑의 기술』에서 인간의 가장 큰 욕구는 다른 사람과 관계를 맺고자 하는 갈망이며, 이것이 채워지지 않으면 '분리'에 대한 불안을 경험한다고 보았다. 그는 이러한 '분리 불안' 때문에 사람들이 정신장애나 폭력행위 등 온갖 문제들을 일으킨다고 주장했다. 이것을 해결할 열쇠는 부모와 자녀가 함께 신체 접촉이나 놀이, 대화 등을 통해 양질의 시간을 갖는 것이다(아이의 연결감의 욕구와 관련된 부모와 함께하는 양질의 시간과 아이의 애착 형성에 관해서는 본서 1장과 2장에서 다룬다).

4단계는 존중의 욕구다. 존중의 시작은 부모와 자녀가 서로 다른 경험을 할 수 있는 존재라는 것을 부모가 인정하면서 시작된다.

아이는 자신만의 생각과 감정, 감각 경험, 행동을 표현하려는 자유가 있다. 아이의 존중의 욕구는, 부모가 아이의 자유를 인정하고 아이의 입장을 고려해 반응해주려고 할 때 충족된다.

예를 들어 아빠가 가끔 목소리를 높이고 버럭 화를 내는 것이 무서운 아이가 있다. 아이가 아빠에게 용기를 내서 말한다.

"아빠가 소리 지르시면 무서워요."

이때 아빠는 "무섭긴 뭐가 무서워. 아빠는 너 무섭게 하려고 화를 낸 게 아냐"라고 대답한다. 이는 아빠가 '무섭게 하지 않은' 자신의 입장이 '맞다'고 주장하면서, 그것을 '무섭게' 받아들인 아이의 경험은 '틀렸다'고 말하는 것이 된다. 이것은 존중이 아니다. 존중은 '맞고' '틀림'을 구분하는 것이 아니라 서로가 다른 경험을 할 수 있다는 것을 인정하는 데서부터 비롯된다.

만약 아빠가 이렇게 말했다면 어땠을까? "아빠가 소리 질러서 무섭다는 거구나." "아빠는 소리 질렀다고 생각 안 했는데, 네가 그렇게 느꼈다면 무서웠겠네." "아빠가 어떻게 하면 좋을까?" 아빠가 이렇게 말하면 아이와 대화가 이어질 수 있다.

"아빠, 소리 지르지 마시고 좀 친절하게 말해주세요."

"소리 지르지 말고 친절하게 말하면 좋겠다는 거구나. 아빠가 노력해볼게."

앞의 아빠는 '무섭다'는 아이의 경험을 무시하고 자신의 말이 옳다고 주장했다. 반면에 뒤의 아빠는 자신이 소리를 질렀다는 아이의 말에 동의하지는 않았지만 아이가 '무서웠다'는 경험을 존중하면서 아이가 한 말을 반복하고(반영), 아이의 입장에서(인지적 공감) 아이의 감정을 읽어주고(공감), 아이가 원하는 것을 물어봐주었다(질문).

이렇게 아빠가 자신의 경험을 인정해주자 존중받는 느낌을 경험한 아이는 아빠에게 자신이 바라는 것을 솔직하게 말했고, 아빠도 자신의 생각을 아이에게 말해주면서(제안), 서로가 만족하고 행복할 수 있는 지점을 찾아갔다(조율).

부모로부터 지속적으로 자신의 경험을 존중받는 경험을 하는 아이는 자신의 생각을 솔직하고 '자기답게' 표현하기 때문에 자아존중감이 높다. 또한 다른 사람의 마음에 잘 공감하며, 타인과 '즐겁게' 상호작용하는 사회성도 발달하기 때문에 행복감을 경험한다(아이의 존중의 욕구와 관련한 '반영' '인지적 공감' '질문' '제안' '조율' 등에 관해서는 본서 7장에서 자세히 다룬다).

5단계는 자아실현의 욕구다. 이것은 한마디로 꿈을 이루는 것이다. 『목적이 이끄는 삶』이란 책에서 릭 워렌Rick Warren 목사는 자아를 실현한 두 종류의 사람을 소개한다. 한 사람은 '소비자Consumer'고, 다른 사람은 '기여자Contributor'다.

여기서 '소비자'란 자신의, 자신을 위한, 자신만의 꿈을 이룬 사람이다. 찰스 폰지Charles Ponzi의 일확천금의 꿈은 '폰지 사기'를 통해서 수많은 사람을 고통으로 내몰았다. 히틀러가 '게르만 민족의 세계 지배'라는 꿈을 꾸고 지도자가 되었을 때 세계는 제2차 세계대전이라는 엄청난 공포와 희생에 시달려야 했다. 이렇듯 자신의 꿈을 위해 다른 사람의 행복도 빼앗을 수 있는 '소비자'가 되는 것은 '가짜 자아실현'이다.

반면에 '기여자'는 우리의, 우리를 위한, 우리가 함께 행복한 꿈을 이루는 사람이다. 과학자 에디슨의 자아실현은 수많은 발명을 통해서 인류가 편리하게 생활할 수 있게 해주었고, 마틴 루터 킹 Martin Luther King 목사의 '인류 평등의 꿈'은 인종 차별의 벽을 허물어서 차별받던 사람들의 행복지수를 높였다. 이들의 자아실현의 이면에는 자신은 물론이고 타인에 대한 봉사의 마음과 사랑이 있었다. 이것이 바로 '진짜' 자아실현이다(아이의 자아실현의 욕구와 관련한 아이의 적응력과 훈육 방법에 관해서는 본서 5장에서 다룬다).

아이의 행복은 부모와 함께한
양질의 시간에서 온다

삶을 가장 행복하게 만드는 것은 양질의 인간관계다.
아이의 행복은 부모와 함께한 양질의 시간에 달려 있다.

삶을 가장 행복하게 만드는 것은
양질의 인간관계다

얼마 전 KBS에서 일반 국민을 대상으로 "행복하기 위해서 무엇이 필요한가?"라는 질문으로 설문조사를 했다. 가장 빈도수가 높았던 대답은 40.6%를 차지한 '돈'이었고, 두 번째는 '건강'으로 28.44%였다.

만약 이 대답이 불변의 진리라면 우리나라 사람들은 20년 전보다 최소 2~3배는 더 행복해야 한다. 왜냐하면 20년 전 우리나라의 1인당 국민소득은 1만 달러 정도였던 것이 2018년에는 3만 달러로 약 3배의 성장을 이루어냈기 때문이다.

실제는 어떨까? 2000년 경제협력개발기구(OECD)와 주요 20개국(G20)이 포함된 39개국에서 발표한 '삶의 질과 만족도'에서 우리나라는 27위로 하위권이었다. 그로부터 17년 후인 지난 2017년 OECD 34개 회원국을 대상으로 발표한 '삶의 질과 만족도'에 있어서도 우리나라는 여전히 27위에 머물렀다. 이 통계는 우리나라 성인들을 대상으로 한 것이다. 그렇다면 우리의 자녀 세대인 아동·청소년에 대한 통계는 어떨까?

2010년 한국 방정환재단과 연세대사회발전연구소가 진행한 연구에 따르면 OECD 국가의 '어린이·청소년의 물질적 행복도'에서 우리나라는 4위(1위는 핀란드)였으나 '어린이·청소년의 주관적 행복도'에서는 23위에 머물렀다. 3년 뒤인 2013년 보건복지부가 시행한 '아동종합실태조사'에서도 '우리나라 아이들의 삶의 만족도'는 60.2점(100점 만점)으로 경제협력개발기구(OECD) 국가 중에서 꼴찌였다. 우리나라는 물질적으로 더 부유해졌는데 부모와 자녀가 경험하는 삶의 만족도와 행복감은 왜 높아지지 않은 걸까?

미국의 경제학자 리처드 이스털린Richard Easterlin은 행복과 물질적 풍요 사이의 상관관계를 밝힌 것으로 유명하다. 그의 이름을 딴 '이스털린의 역설'이라는 말까지 있다. 그의 연구결과에 따르면 소득이 일정 수준에 이르고 기본적인 욕구가 충족된다면 소득증가가 더 이상 행복에 큰 영향을 미치지 않는다.

이를테면 우리나라 사람들이 1960~70년대에 못 먹고 못살 때에는 조금 더 잘 먹고, 잘살게 되는 과정에서 행복감을 경험했지만 요즘처럼 어느 정도 기본적인 의식주가 충족되는 사회에서는 더잘 먹고, 더 잘 입고, 더 좋은 곳에서 사는 것만으로 주관적인 행복감이 비례적으로 증가하지 않는다는 것이다. 그렇다면 인간의 주관적 행복감을 결정하는 요인은 무엇일까?

미국의 하버드 대학교에서는 1938년부터 30년 동안 대학 졸업생 724명을 대상으로 그들의 삶의 질을 연구하는 종단연구를 시행했다. 연구는 매년 연구팀이 그들을 직접 인터뷰해서 설문지를 작성하는 방식으로 진행되었다. 세계 최고 명문 대학 중 하나인 만큼 졸업생들의 대다수는 사회적으로 성공한 사람들이 많았다. 하지만 그들의 삶의 질은 행복하게 늙어가는 사람과 그렇지 않은 사람, 두 부류로 나뉘어졌다.

그 삶의 경험을 가르는 기준은 바로 '양질의 인간관계'였다. 가족관계를 유지하고 있는 사람은 삶의 만족도가 높은 반면 아무리 사회적으로 성공했어도 친구가 없고 이혼이나 별거로 가족을 잃었거나 떨어져 있으면 불행했다. 가장 삶의 만족도가 높은 사람은 최소한 한두 명의 친한 친구가 있고, 배우자 및 자녀와 종종 즐거운 시간을 갖고, 대화를 나누는 사람이었다.

연구팀은 연구를 마무리하면서 다음의 3가지 결론을 내렸다.

첫째, 삶을 가장 행복하게 만드는 것은 '인간관계'다.

우리나라 아이들의 삶의 만족도와 행복 지수가 낮은 이유에 대해 전문가들은 학업 스트레스가 높고, 친구나 가족과 함께 보내는 시간이 적기 때문이라고 분석했다. 〈8차 아동 청소년 행복 지수 국제 비교 연구 보고서(2015)〉에 따르면 우리나라 아이들은 다른 나라 아이들에 비해 학교 수업 이후에 학원 등으로 방과후 학습에 많은 시간을 쓰는 반면, 친구와 함께 놀거나 독서, 운동을 하는 등 여가 활동에 보내는 시간과 가족과 함께 보내는 시간은 조사 대상국 중에서 가장 적었다.

그렇다면 우리나라 아이들은 무엇에서 행복감을 경험하고 있을까? 연구 보고서에 따르면 우리나라 아이들은 성적이 향상되거나 경제 수준이 높아지는 것보다 부모와의 사이가 좋아지게 된 것에서 행복감을 느꼈다. 가정의 경제 수준이 높더라도 아이가 엄마와 사이가 안 좋으면 49%만이 행복하다고 말했고, 엄마와 사이가 좋을수록 삶의 만족도가 높았다. 아이의 성적이 동일하게 중간 수준이더라도 아빠와의 사이가 좋으면 75.6%가 삶이 만족스럽다고 대답했고, 아빠와의 관계가 안 좋으면 만족도는 47.7%로 떨어졌다.

이 결과에 따르면 부모와 사이가 좋다고 느끼는 아이는 자신과 성적이나 경제 수준이 비슷하거나 높은 아이들보다 더 만족스럽고 행복하다고 느낀다는 것을 알 수 있다. 다른 어떤 요인보다 부모와 자녀 간의 유대감이 아이의 주관적 행복감, 즉 높은 삶의 질에 중요한 역할을 한다는 것이 밝혀진 것이다.

부모와 함께한 시간은
양보다 질이 중요하다

둘째, 인간관계는 '양보다 질'이 더 중요하다. 즉 부모와 함께 보낸 양질의 시간만이 아이의 행복감으로 이어진다. 부모가 아이와 단 10분을 보낸다고 해도 아이가 부모에 대한 강한 유대감을 느끼게 해주는 것이 중요하다.

아빠가 모처럼 아이와 함께 TV를 보고 있다. 저녁에 아내가 남편에게 묻는다.

> 아내 : 당신 오늘 아이하고 잘 놀아줬어요?
> 남편 : 그럼, 모처럼 좋은 시간을 보냈지.
> 아내 : (아이에게 묻는다.) 오늘 아빠하고 잘 놀았니?
> 아이 : 아니요. 그냥 텔레비전만 봤어요.

아빠 입장에서는 아이와 함께 TV를 본 것이 잘 놀아준 것이다. 아빠는 아이와 함께한 시간의 양만 채우면 된다고 단순하게 믿었기 때문이다. 하지만 아이의 입장은 아빠와 완전히 달랐다. 아이는 아빠와의 상호작용을 원했다. 그것이 아이가 정말로 원한 양질의 시간이다.

필자가 최근에 차를 운전하다가 라디오에서 들은 공익광고 내용이다. 아빠가 거실에서 게임을 하고 있다. 옆에서 한심하게 아빠를 보고 있는 아내가 말한다.

아내 : 당신 아들 꿈이 뭔 줄 알아?

아빠 : 아들, 꿈이 뭐야?

아들 : 주인공이요.

아빠 : 주인공?

아들 : 아빠 게임의 주인공! 그럼 아빠하고 매일 같이 놀 수 있잖아.

아빠 : 아들, 우리 축구하러 갈까?

아들 : 와, 정말이요?

아이가 부모와 함께 축구를 하고, 야유회에 가고, 대화를 하는 양질의 시간은 '진짜'를 경험하는 것이다. 부모와 양질의 시간을 가져보지 못한 아이는 PC게임이나 술, 담배 같은 '가짜'에 빠지고, 중독에 이를 수 있다. '가짜'는 자극을 가공하고 압축했기 때문에 진짜보다 더 흥미롭고 짜릿하기 때문이다. 하지만 그 결과는 피폐함과 일상의 부적응이다.

'가짜'에 빠진다는 것은 마치 꿈속에서 산해진미를 먹어도 꿈에서 깨면 배가 고픈 것과 같다. 진짜로 먹은 것이 아니기 때문이다. 밥 한 공기에 반찬이 한두 가지만 있어도 진짜로 먹어야 배가 부르다. 아이가 부모와의 즐거운 상호작용을 통해서 '진짜'를 경험하게 해주는 것은 아이가 '가짜'에 중독되지 않고, 인생이라는 여행을 '자기답고' '함께 즐겁게' 살 수 있게 해주는 것이다.

미국 남부 시골의 한 농장. 아버지는 12년 전 아내와 사별하고 쌍둥이 형제를 포함해 7남매를 홀로 키우고 있다. 그는 오전과 오후에는 농장에서 일하고, 저녁에는 마을의 한 식료품 가게에서 아르바이트를 하면서 가계를 꾸렸다.

한번은 여러 신문사가 이 집 자녀들을 취재하기 위해서 방문했다. 자녀들이 모두 모범적인 생활을 한다는 것이 대외적으로 알려졌기 때문이다. 7남매 중 5명이 미국의 유수 대학에 장학생으로 다녔고, 중학교와 고등학교에 다니는 두 자녀도 최근 지역 신문에서 공모한 글짓기대회에서 수상했으며, 학생들의 추천으로 타의 모범이 되는 학생으로 선발되어 학교장의 표창까지 받았다.

인터뷰에서 기자들은 자녀들에게 그 비결을 물었다. 자녀들의 대답은 한결같았다.

"아빠는 늘 우리와 함께 계셨어요."

기자들은 의아해했다. 그들은 아버지가 아침부터 저녁까지 농장과 마을의 마트에서 눈코 뜰 새 없이 일하고 있다는 것을 이미 알고 있었기 때문이다.

자녀들은 기자들의 혼란스러워 하는 표정을 눈치 채고 다음과 같이 말했다.

"맞습니다. 아버지는 바쁘세요. 우리 가족은 매일 저녁 6시부터 8시까지 2시간 동안 돌아가면서 식사를 준비합니다. 그때 아버지는 저희와 함께 식사를 하시면서 우리가 하루 동안 어떻게 지냈는지 물어봐주세요. 우리에게 재미있었던 일은 없었는지, 힘들었던 일은 무엇이었는지를 한 사람 한 사람 눈을 보면서 물어봐주시고, 귀담아 들어주세요. 매일 저녁 아버지와 함께하는 2시간이 있었기 때문에 우리는 아버지가 늘 우리와 함께하신다고 느낄 수 있었습니다."

기자들은 아버지에게도 자식들이 모두 잘 성장하게 된 비결이 있는지 물었다. 아버지는 대답했다.

"글쎄요. 저는 하루 중에 아이들과 함께하는 저녁식사 시간을 가장 기다립니다. 낮에 농장에서 일하거나 저녁에 마을의 마트에서 아르바이트를 할 때도 아이들이 했던 말을 생각합니다. 즐거운 기분이 들면 흐뭇한 미소를 짓고, 어려운 일이 떠오르면 기도를 하죠."

셋째, 좋은 인간관계는 '기억력까지 증진'시킨다. 아이가 부모와 상호작용하면서 경험하는 친밀감은 아이에게 편안하고 행복한 감정을 불러일으켜서 아이의 두뇌 발달을 촉진시킨다. 왜냐하면 아이의 편안한 마음이 뇌의 정서를 담당하는 영역인 편도체와, 기억과 인지를 담당하는 영역인 해마를 자극하고, 부모와 자녀가 상호작용할 때 아이의 뇌에 산소가 풍부하게 공급되면서 뇌신경의 연결을 도와 두뇌 발달을 촉진시키기 때문이다.

특히 아이의 정서를 담당하는 편도체는 기억을 담당하는 해마와 충동, 판단, 공감 등의 역할을 하는 안와전두엽, 감정조절과 학습평가, 동기부여 역할을 하는 대상회 등과 연결되어 있다. 부모와 양질의 시간을 경험한 아이는 이 편도체가 두툼해지면서, 주변에 연결되어 있는 영역들과 더욱 밀접하고 안정적으로 상호작용하게 된다.

그 결과 아이는 안정적인 정서와 풍부하고 상세한 기억력 그리고 높은 공감 능력을 갖출 수 있게 된다. 독일의 대문호 괴테는 "어른은 아이 시절의 추억을 먹고산다"고 말했다.

부모와 함께한 양질의 시간은 아이에게 좋은 추억이 되고, 아이의 기억 속에 '좋은 음식'으로 담긴다. 그러면 아이는 인생이라는 긴 여행을 할 때 이 '좋은 음식' 덕분에 허기지지 않고 여행을 즐길 수 있을 것이다.

따뜻한 한 사람의 힘이
아이의 회복력을 높인다

아이가 잘 성장하는 데는 따뜻한 한 사람이 필요하다.
따뜻한 사람의 반응은 공감하고 배려하는 것이다.

아이가 잘 성장하는 데는
따뜻한 한 사람이 필요하다

필자는 어느 날 TV에서 고아원 아이들의 일상과 성장 과정을 다룬 다큐멘터리를 흥미롭게 시청한 적이 있었다. 오래전부터 이 고아원을 방문하면서 아이들의 멘토 역할을 하고 있다는 한 판사님이 말했다.

"고아원 아이들이라고 해서 자신들이 고아라는 것을 항상 인식하며 살진 않아요. 평범한 아이들처럼 즐거울 때는 웃고, 사춘기도 겪고 그들만의 꿈을 향해 열정적으로 사는 아이들도 적지 않습니다. 그런데 자신들이 고아라는 사실을 절감할 때가 있어요. 자신의 삶에서 뭔가 중요한 결정을 내려야 할 때, 자신의 고민을 말하면서 속내를 털어놓고 싶을 때, 주위에 그런 사람을 한 사람도 찾을 수 없을 때에요. 만약 그때 아이의 속내를 따뜻하게 들어줄 수 있는 한 사람이 있다면, 이 아이들은 놀랄 만큼 평범하게 성장합니다.”

필자는 그의 말 중에 “고아처럼 어려운 환경에 놓인 아이도 자신의 속내를 들어줄 따뜻한 한 사람만 있다면 평범하게 성장할 수 있다”는 말이 무척 인상 깊었다. 필자는 이 말을 듣고 ‘사람이 평범하게 성장하기 위해서는 따뜻하게 반응해주는 사람이 최소한 한 명은 필요하지 않을까?’ 하는 생각을 해보았다.

한 조사에서 한국의 청소년과 젊은 성인들에게 자신에게 ‘의미 있고 중요한 사람’을 적어보고 그 이유를 말해보라고 했다. 답변한 사람 중의 대다수가 “자신의 생각과 감정을 솔직하게 표현할 수 있도록 따뜻하게 받아주는 사람”이라고 답했다.

이처럼 아이가 성장하는 물리적 환경도 중요하다. 이러한 사실을 일깨워준 유명한 연구가 있다.

하와이 군도 북서쪽에 카우아이라는 섬이 있다. 이 섬 전체가 울창한 열대 정원 같다고 해서 ‘정원의 섬Garden Island’이라고 불릴 정도로 아름다운 곳으로 영화 〈쥬라기 공원〉의 무대가 되기도 했다.

연구가 진행되었던 당시에 이 섬 주민들은 대대로 극심한 가난과 질병, 정신질환 혹은 범죄에 연루되었다. 1955년 이 섬에서는

833명의 아기들이 태어났다. 미국 정부의 지원을 받는 정신과 의사, 사회복지사, 심리학자로 구성된 연구진들은 이 아이들에 대한 30년이 넘는 종단연구를 시작했다.

연구진들은 이 아기들 대부분이 사회 부적응자로 성장할 것이라고 가정했다. 연구자들의 관심은 어떤 경험이나 사건들이 이 아이들을 사회적 부적응자나 정신질환자 혹은 범죄자가 되게 하는지 밝혀내는 것이었다. 이 섬이 연구 대상이 된 것은 무엇보다도 그 섬 주민들의 열악한 사회경제적 환경과 함께 그 섬에서 태어난 아이는 성인이 되어서도 외부로 나가지 않고 대부분 그 섬에서 살기 때문에 추적 조사가 용이했기 때문이다.

하지만 연구자들의 가정은 빗나갔다. 연구에 참여한 아이들 중 8.6%에 해당하는 72명이 아무런 문제를 일으키지 않았기 때문이다. 이들은 더군다나 고위험군 가정환경으로 분류되었던 201명에 포함된 아이들이었다. 이 72명은 오히려 부유한 가정환경에서 자란 아이들 못지않은 도덕적 성취와 사회적 성공을 이루어냈다. 온갖 어려움과 부족함을 경험하면서도 잘 자란 이 72명의 아이들은 무엇이 달랐을까?

당시 연구진 중 심리학자였던 에미 워너Emmy Werner 교수는 이 72명이 문제를 일으키지 않은 요인을 추적조사하다가 이들 모두가 가지고 있는 하나의 공통점을 발견하게 되었다. 그것은 이 아이들 주변에 그 아이의 입장을 받아주고 이해해주는 적어도 한 명의 어른이 있었다는 것이다.

그 한 명의 어른은 아이의 엄마나 아빠였을 수도 있고, 성직자나 선생님 혹은 할아버지나 할머니 혹은 이웃 어른이었을 수도 있다. 경제적 궁핍, 부모의 이혼, 안전하지 못한 생활 등 환경은 열악했지만 이 아이들이 연구자들의 상식적인 기대를 벗어나 잘 자랄 수 있었던 단 하나의 요인, 바로 그것은 아이를 지지하고 격려해 준 따뜻한, 한 사람의 존재였다.

따뜻한 사람의 반응은
공감하고 배려하는 것이다

어떤 사람이 길을 가다가 깊은 구덩이에 빠졌다. 구덩이가 너무 깊어 빠져나올 수가 없자 그는 도와달라고 소리치기 시작했다. 학문이 깊은 교수가 그곳을 지나다가 구덩이에 빠진 사람을 발견했다. 그는 구덩이에 머리를 들이밀고 이 운수 사나운 사람에게 훈계를 늘어놓았다.

"도대체 얼마나 어리석었으면 사람이 구덩이에 다 빠진단 말이오? 앞으로는 좀 더 조심해야겠소이다. 혹시 구덩이에서 나오거든 항상 발 밑을 잘 살피구려."

교수는 이렇게 말하고는 가버렸다.

그 다음에 덕이 높은 성직자가 지나가다가 구덩이를 들여다보며 말했다.

"내가 팔을 뻗어볼 테니 당신도 팔을 힘껏 뻗어보시오. 그래서 당신 손을 잡을 수 있다면 끌어내주겠소."

> 그렇게 해서 두 사람은 힘껏 팔을 뻗어보았지만 아무 소용이 없었다. 구덩
> 이가 너무 깊었기 때문이다. 그러자 성직자는 안됐지만 하는 수 없다며 그
> 사람을 운수소관에 맡기고 떠나버렸다.
> 그 뒤에 일을 마치고 집으로 돌아가던 농부가 그곳을 지나게 되었다. 그는
> 그 사람의 딱한 처지를 보고 곧바로 구덩이로 뛰어들었다. 그러고는 그 사
> 람을 어깨 위에 올라서게 한 다음 팔을 쭉 뻗어 구덩이에서 건져주었다.
> (『느낌이 있는 이야기』 10쪽)

이 이야기에서 누가 따뜻하게 반응한 사람인가? 세 번째 남성
이다. 그는 구덩이에 빠진 사람의 처지와 심정을 헤아리는 공감과
자신을 던져 구조하는 배려의 행동을 실천했다. 이처럼 따뜻한 반
응은 상대의 입장에서 헤아리는 '역지사지(인지적 공감)'와 상대의
심정을 헤아리는 '이심전심(정서적 공감)'의 공감을 통해서 배려를
실천하는 것이다.

심리학에서는 정서적으로 건강한 사람을 상대의 희로애락(喜怒
愛樂)에 따라 적절하게 대응할 수 있는 사람이라고 말한다. "즐거
워하는 사람과 함께 즐거워하고, 우는 사람과 함께 울라"는 성경
의 말과 같다. 따뜻한 사람은 따뜻하게 반응할 수 있는 사람이고,
정서적으로 건강한 사람이다. 따뜻한 사람의 반응은, 기쁨은 크게
하고 슬픔은 작게 한다.

필자는 이와 관련한 장면을 직접 목격한 적이 있다. 얼마 전 운
전면허 적성검사 갱신을 위해서 면허시험장에 갔을 때였다. 서류

를 접수하고 면허증을 기다리다가 캔커피를 사기 위해 근처 편의점에 들어갔다. 물건을 고르는데, 옆에서 한 여성이 전화하는 소리가 들렸다. 20대 초반의 여성이 이어폰을 끼고 누군가와 통화를 하고 있었다. 여성은 낮고 떨리는 목소리로 말했다.

"엄마, 나 합격했어."

여기까지 들었을 때 필자는 면허시험장에서 흔하게 들을 수 있는 통화라고 생각했다.

캔커피 값을 치르고 뒤돌아 나가려던 차에, 그 여성과 엄마의 통화가 계속 이어지는 것이 들렸다. 그녀는 왼손에 구입한 물건과 가방을 들고 있었고, 오른손(?)은 귀에 댄 휴대전화를 밀고 있었다. 그런데 그녀의 오른팔 손목이 없었다.

순간 놀라움과 함께 울컥하는 마음이 들었다. 그녀가 한쪽 손목 없이 실기 시험을 치르고 합격까지 한 것이 대단해 보였기 때문만은 아니었다. 그녀의 합격 소식을 듣고, 진심으로 따뜻하게 축하해 주는 어머니의 모습이 연상되었기 때문이다. 오른쪽 손목이 없는 그녀에게 '합격'은 거의 인생 '승리'의 순간이었을 것이다. 어머니가 그녀의 '합격' 소식을 따뜻하게 받아주었을 때 그녀의 마음에는 '잔치'가 시작되었을 것이다.

한편으로는 이런 생각도 해보았다. 만약 어머니가 그녀의 합격 소식을 따뜻하게 받아주지 않고 퉁명스럽게 반응했더라면 어땠을까?

"그러니? 조심해서 들어와라. 나중에 보자."

어머니가 이렇게 건조한 목소리 톤으로 말했다면 샴페인을 터트리듯 즐거웠던 그녀의 마음은 김이 빠지고, 축 처진 어깨를 하고 집으로 돌아오지 않았을까?

아이가 나름 열심히 노력한 시험에서 떨어져 힘들어 하고 있다. 이때 아빠가 이렇게 말했다고 생각해보자.

"너 잘되라고 학원도 보내주고 과외도 시켜줬는데, 결과가 이게 뭐냐? 네가 정말 죽을힘을 다했다면 이런 결과가 나올 수 있어? 그 정도밖에 못할 거면 그냥 포기해!"

성폭행을 당한 뒤 행인의 신고로 병원에 입원한 중학생 딸을 찾아간 엄마가 말한다.

"너 이제 어떻게 하니? 너 여잔데… 앞으로 어떻게 사니?"

이런 말을 들은 자녀는 다리에 힘이 풀리면서 다 포기하고 싶어질 것이다. 왜 그럴까? 아이가 경험하고 있는 참담한 심정이나 노력의 과정을 물어보거나 알아주기보다는 결과에만 초점을 맞추어서 말했기 때문이다.

시험에 떨어져 실의에 빠진 아들에게는 다음과 같이 말한다면 어떨까?

"열심히 준비하던 것 같던데, 결과가 생각만큼 나오지 않아서 많이 실망스럽겠구나. 그간 고생했고 수고했다. 일단은 잘 먹고 푹 좀 쉬어라. 아빠랑 탕수육 먹으러 갈까?"

병원에서 딸을 본 엄마가 이렇게 말한다면 어떨까?

"우리 딸, 몸은 좀 어떠니? 많이 무서웠지? 이만해서 너무 다행이다. 열심히 치료받고 건강해지자. 엄마는 우리 딸이 이만한 것만도 정말 너무 감사해."

이렇게 따뜻하게 반응해준다면 아이들은 주저앉아 낙심하는 대신 다시 일어설 수 있는 용기를 얻게 되지 않을까?

2002년 월드컵이 한참일 때 한국과 브라질의 경기가 진행 중이었다. 한국과 브라질 선수 모두 열심히 뛰면서 선전했다. 그런데 해설자의 말에 따르면, 브라질 선수들은 마음껏 점프하면서 날아다니는 데 비해 한국 선수들은 쉽게 점프를 하지 못하고 몸을 사린다고 했다. 해설자는 그 이유를 다음과 같이 설명했다.

"브라질 선수들은 어린 시절 처음 축구를 배울 때부터 잔디구장에서 시작해요. 축구하면서 뛰고, 점프하다가 넘어져도 천연잔디 구장이니까 넘어져도 별로 다치지 않거든요. 어릴 때부터 그런 기억이 있으니까 커서 실전 경기를 할 때 몸을 사리지 않고 즐기는 거예요.

반면에 한국 선수들은 어릴 때 흙이나 인조잔디 구장에서 처음 축구를 시작하거든요. 공을 차거나 점프하다가 넘어지면 무릎이나 팔이 까이고 화상을 입게 돼요. 그러면 그 아팠던 기억 때문에 축구를 할 때마다 저렇게 몸을 사리게 되는 거죠."

부모는 자녀의 축구장이다. 아이가 부모로부터 흙이나 인조잔

디에 넘어졌을 때처럼 아픈 경험을 자주 하면 아이는 위축되고, 인생을 즐기기 어려울 것이다. 하지만 부모로부터 천연잔디 구장처럼 푹신하고 안전한 경험을 자주 하면 아이는 인생이라는 축구 경기를 '자기답고' 신나게 '즐길 수' 있게 될 것이다.

부모의 일관성 있는 언어가
아이 자존감의 바탕이 된다

부모에게서 일관성과 일치성이 부족한 언어를 경험한 아이는
세상에 대한 두려움이 있고 자아존중감도 낮다.

인간의 정체성은 결정적 시기에
맺은 관계에 달려 있다

필자는 푸들 강아지를 잠시 맡아 키운 적이 있었다. 필자가 의도
한 지시를 강아지가 한두 번 만에 알아듣고 따라 하는 것을 보고,
사람처럼 말을 이해하는 듯해 신기했다. 태어난 직후부터 사람이
키우고 훈련시킨 동물 중에는 자연 상태에서 태어난 동물보다 인
지적으로 뛰어난 능력을 보이는 경우가 많다.

그런데 반려동물을 포함해서 동물과 사람 사이에는 한 가지 분
명한 차이점이 있다. 동물은 어떤 환경에서 어떤 특별한 훈련을 받

는다고 해도 결코 사람처럼 될 수 없다는 사실이다. 아무리 천재적인 인지 능력을 가진 동물이라고 해도 사람처럼 생각하고 말을 하는 경우는 없다.

그렇다면 사람은 어떨까? 사람도 성장 환경에 상관없이 결국 사람으로 성장할까? 다음의 사례는 이 질문에 해답을 제시하고 있다.

1799년 프랑스 아베롱Aveyron에서 늑대처럼 숲속을 뛰어다니던 인간을 닮은 생명체가 포획되었다. 그가 바로 〈늑대 소년〉이란 영화의 소재가 되기도 했던 아베롱의 야생아 빅토르였다. 11세가 되어 인간 사회로 돌아온 빅토르는 야생에서 인간과의 접촉이 전혀 없이 자랐다. 의사였던 장 이따르Jean Marc-Gaspard Itard는 그에게 이름을 지어주었다. 그리고 환경 때문에 인간성을 상실했다고 보고, 생활 환경을 보통 상태로 되돌려 적당한 훈련과 교육을 하면 인간성을 되돌릴 수 있다고 생각했다.

장 이따르를 비롯한 사람들은 늑대처럼 맨몸으로 바닥에서 자고, 씻을 줄도 모르고, 썩은 음식을 먹던 빅토르가 인간의 삶을 살 수 있도록 애를 썼다. 그가 언어를 사용하고, 인간으로서의 감각과 정신을 가질 수 있도록 도왔지만 빅토르는 끝내 인간의 언어를 익히지 못한 채 40세로 생을 마감했다.

빅토르와 유사한 몇몇 사례를 두고 발달심리학에서는 인간의 발달 과정에서 '결정적 시기'가 있다는 것을 알게 되었다. 대개 아이가 태어난 후부터 3~4세까지를 일컫는다. 이 시기를 사람인 부모와 보내면서 적절한 양육을 받으면 아이는 '사람답게' 자랄 수 있다. 하지만 이 시기를 동물과 함께 보낸 아이는 자신을 동물로 여기는 정체성을 가졌다. 이런 아이는 사람의 언어를 배울 수 없었고, 기본적인 눈 마주침이나 인사도 어려웠다.

이러한 차이가 생기는 이유는 무엇일까? 동물의 뇌와 사람의 뇌가 다르기 때문이다.

동물들의 뇌는 거의 대부분의 발달과정이 고정적으로 정해져 있다. 동물들은 태어난 후 얼마 지나지 않았을 때부터 놀랄 만큼 독립적이다. 돌고래는 태어나면서 헤엄을 친다. 기린은 몇 시간 만에 일어서는 법을 배운다. 새끼 얼룩말은 생후 45분 안에 달릴 수 있다. 초파리는 배우지 않아도 처음부터 날 줄 안다. 이렇게 보면 동물들이 커다란 장점을 가진 것 같지만 실은 그런 장점이 도리어 동물의 한계를 보여준다.

새끼 동물들이 빨리 발달하는 것은 그들의 뇌가 주로 미리 정해진 절차에 따라 회로를 형성한다는 뜻으로 그들에게 융통성과 확장성이 없음을 의미한다. 즉 고래나 침팬지가 아무리 어린아이 아이큐만큼 지능이 높다고 해도 그들은 3년, 5년, 10년이 지나도 먹고 자고 생식하며 자식을 번식하는 수준 이상의 삶을 살 수 없다. 동물의 뇌는 이렇듯 거의 정해져 있기 때문에 어떤 환경에서 누구와 함께 성장하든지 간에 큰 변화가 없다.

반면에 인간의 뇌는 상당히 미완성된 상태로 태어나면서 세부적인 삶의 경험에 의해 변화하는 가소성을 가진다. 즉 인간은 결정적 시기에 어떤 환경적인 자극을 받느냐에 따라서 인간답게 성장할 수 있고, 그렇지 못할 수도 있다.

결정적 시기를 사람인 부모에 의해서 정성껏 양육받은 아이는 사람의 정체성을 가지게 되고, 사람의 생각과 말 그리고 행동을 할 수 있게 된다. 즉 사람이 사람다운 정체성을 갖게 되는 것은 사람인 부모와의 관계를 경험했기 때문이다.

부모와의 관계를 통해서 아이가 사람다워지는 경험의 요체는 언어 경험이다. 언어는 사람을 통해서만 경험하고 배울 수 있기 때문이다. 독일의 철학자이자 언어학자인 훔볼트Friedrich Humbolt는 언어는 생각하는 방식을 결정한다고 주장했고, 독일의 철학자 하이데거Martin Heidegger는 "언어는 존재의 집"이라고 말했다. 이들의 말처럼 사람의 언어는 사람이 생각하고 행동하는 방식에 영향을 주면서 '사람다운' 정체성을 형성한다. 부모의 언어는 아이의 '정체성' 형성에 어떻게 영향을 주는 것일까?

정체성은 영어로 identity다. 이는 동사 identify의 명사형이다. identify는 '지칭하다' '확인하다'라는 뜻을 갖는다. 즉 정체성은 누군가가 나를 누구라고 '지칭해준' 결과다. 김춘수의 〈꽃〉이라는 시의 첫 구절을 보자.

내가 그의 이름을 불러주기 전에는

그는 다만

하나의 몸짓에 지나지 않았다.

내가 그의 이름을 불러주었을 때

그는 나에게로 와서

꽃이 되었다.

(김춘수,『부다페스트에서의 소녀의 죽음』)

태어날 때 아이는 '하나의 몸짓에 지나지 않았다'. 양육자인 부모가 아이를 '누구'라고 불러주었기 때문에 아이는 자신이 누구인지 알게 된 것이다. 아이는 양육자가 자신을 누구라고 불러주고 어떻게 대하느냐에 따라서 그저 그런 '움직임'에 불과한 존재라는 정체성을 가질 수도 있고, 아름답고 보배로운 '꽃'과 같은 정체성을 갖게 되기도 한다.

이처럼 아이는 자신에게 이름을 지어서 불러준 양육자의 언어를 통해서 자신에 대한 정체성과 세상에 대한 인식을 가지게 된다. 그리고 이것은 아이의 생각과 감정, 경험 그리고 행동에 영향을 미친다.

아이 자존감의 바탕은
부모의 일관성 있는 언어다

부모를 통해서 경험한 언어가 일관되고 긍정적인 아이는 자신과 세상에 대한 밝은 인식과 높은 자아존중감을 갖게 된다. 하지만 부모를 통해서 경험한 언어가 일관되지 않고 부정적인 아이는 세상에 대해 두려움과 낮은 자아존중감을 가질 수 밖에 없다.

자신을 쥐라고 믿는 성인 남성이 있었다. 그의 행동은 쥐와 흡사했다. 그는 오랫동안 정신병원에 입원했었는데, 오늘은 그가 퇴원하는 날이다. 지난 몇 주 동안 환자와 상담한 결과, 의사는 그가 더 이상 자신을 쥐라고 믿지 않는다고 진단했기 때문이다. 그는 이제 담당 의사와 간호사의 배웅을 받으며 병원 문을 막 나가려고 한다. 그런데 갑자기 그의 얼굴이 굳어지면서 그 자리에 멈추었다. 이상하게 생각한 의사가 그에게 무슨 일이냐고 물었다.

그는 병원 출입문 창을 통해 멀리 보이는 고양이를 손가락으로 가리켰다. 그는 그 고양이 때문에 병원 문을 열고 나갈 수 없다고 말했다. 의사는 말했다.

"당신은 이제 더 이상 자신을 쥐라고 생각하지 않는데 왜 못 나가겠다는 겁니까?"

의사의 질문에 그가 대답했다.

"저는 제가 쥐가 아닌 것을 확신하지만 만약 저 고양이가 그 사실을 모른 채 저를 쥐로 보고 공격해 오면 어떡합니까?"

이 말을 들은 의사는 그가 아직 치료가 덜 되었음을 깨닫고 퇴원을 취소했다.

필자는 미국에서 대학원을 졸업하고 LA 지역에서 5년간 상담사로 일했다. 이때 필자가 주로 맡은 일은 정신질환자와 그들의 가족을 상담하는 일이었다. 필자가 정기적으로 방문했던 한 정신요양병원에서는 앞서 '자신을 쥐라고 믿은 사람' 같은 환자들이 많았다. 어떤 사람은 항상 농구 유니폼을 입고서는 오른손으로 농구공을 돌리며 복도를 걸었고, 어떤 사람은 테이블에 앉아서 종이에 숫자를 쓰며 지나가는 다른 환자들에게 회계 업무에 관한 조언을 했다. 이들의 특징은 인간의 뇌가 가진 가소성과 역할의 융통성이 발휘되지 못하고 하나의 역할에만 고정화된 것이다.

왜 이런 일이 생겼을까? 이들이 성장기에 경험한 부모의 언어에 일관성이 부족했거나 전무했다시피 했기 때문이다. 부모의 음성언어와 비음성언어 간에 지속적으로 일관성이 부족하면 아이는 심리적 방어력을 잃는다. 예를 들어 엄마가 아이에게 말로는 "사랑한다"고 말하면서도 표정은 어둡고 냉정하며, 목소리 톤에는 화가 난 것 같다면 아이는 혼란스럽다.

부모가 일관성 없는 언어로 훈육하는 것도 아이의 심리적 방어력과 자존감을 떨어뜨리는 요인이다. 아빠가 아이에게 평상시에는 "점수는 그렇게 중요한 게 아니야. 열심히 하는 것이 중요하지"

라고 말했는데, 막상 아이가 시험에서 40점을 맞았다고 하자 한숨을 쉬며 "그것도 점수라고 받은 거냐?"라는 식으로 말했다면 아이는 소위 '멘붕'에 빠진다. 아빠의 말에 일관성이 없기 때문이다.

부모가 자녀에게 제공하는 언어에 지속적으로 일관성이 없으면 아이는 그것을 '안전하지 못한 환경'으로 인식해 부모로부터 자기를 방어하기 위해 스스로 안전하게 느끼는 가상의 세계에 빠져들 수 있다. 이런 아이는 '자기다운' 말과 행동으로 표현할 수 있는 감각이 떨어지고, 자기만의 세계에 고립되어 살게 된다. 이 때문에 타인과 교류하는 가운데 '즐거움'을 주고받는 능력인 사회성이 부족하게 된다. 그렇다면 어떻게 자녀에게 일관성 있는 언어를 제공할 수 있을까?

첫째, 부모는 음성언어와 비음성언어가 일치된 언어를 제공해야 한다. 입을 통해 나오는 소리가 음성언어이고, 그 소리와 함께 전달되는 몸짓이나 제스처 같은 다른 모든 것이 비음성언어인데, 이 둘이 일치해야 한다.

엄마가 아이에게 "사랑한다"라고 음성언어로 말했다면 그에 따른 표정이나 목소리 톤, 몸동작 같은 비음성언어도 "사랑한다"는 음성언어에 상응하는 것이어야 한다. 부모의 음성언어와 비음성언어가 일치할 때 아이는 부모가 하는 말로 인해 혼란스러움을 겪는 일이 줄어들 것이다.

둘째, 부모의 훈육에 일관성이 있어야 한다. 아빠가 아이에게 "점수보다는 노력하는 과정과 태도가 중요한 거야"라고 말했다면 아이의 시험 성적이 나왔을 때 일관성 있게 말하자. 구체적인 예를 들어보자.

아빠 : 시험 결과가 나왔구나. 네가 준비한 만큼 결과가 나온 것 같니?
아이 : 노력을 별로 안 했어요.
아빠 : 네가 노력하는 과정이 중요해. 다음엔 열심히 해서 너 스스로에게 부끄럽지 않았으면 좋겠구나.
아이 : 네, 노력해볼게요.

이처럼 부모가 훈육하는 언어에 일관성이 있을 때 아이는 부모를 신뢰하게 된다. 이러한 부모의 일관성은 아이의 높은 자아존중감을 발전시키는 토대가 된다.

아이의 자존감은
부모의 소통 방식에 달려 있다

연구에 따르면 아이의 자존감을 결정짓는 요인은
가족의 형태나 경제 환경보다 부모의 소통 방식에 달려 있다.

자기, 타인, 상황에 대한 일치성 있는
존중 여부가 아이의 자존감을 결정한다

아이는 타고난 성향을 바탕으로 다양한 선택을 하면서 성장한다. 아이의 타고난 성향과 이러한 선택들이 모여서 아이의 성격을 형성한다. 이때 아이가 스스로 무엇을 선택할 것인지를 결정하는 데 가장 큰 영향을 미치는 것이 아이의 자아존중감이다.

연구에 따르면 아이의 자존감을 결정짓는 핵심적인 요인은 아이가 성장한 가족의 형태(양부모, 한 부모, 재혼가족 등)나 경제환경보다 부모의 소통 방식에 달려 있었다.

소통 방식의 5가지 유형

회유형   비난형   초이성형

산만형   일치형

가족 치료사 버지니아 사티어Virginia Satir에 따르면 사람의 자아존중감은 그가 자기, 타인, 상황을 존중하는지 여부로 알 수 있는데, 이는 그 사람의 소통 방식을 통해서 드러난다. 자기, 타인, 상황, 이 3가지를 모두 존중하는 소통 방식이 일치형이다. 이렇게 소통하는 부모와 자녀는 자존감이 높다.

하지만 이 3가지 중 한 가지라도 무시된다면 높은 자존감에서 멀어진다. 자기가 무시되고 타인과 상황만 존중하면 회유형, 자기와 상황만 존중하고 타인을 무시하면 비난형, 상황만 존중하면 초이성형, 자기, 타인, 상황을 모두 무시하면 산만형이 된다. 나는 어떤 유형의 부모일까?

강아지가 온 지 6개월이 지난 어느 날 아침, 당신은 여느 때처럼 출근 준비(혹은 외출 준비)를 마치고 집을 나서려고 한다. 이때 당신 눈에 거실 한 구석에 서 있는 아이가 보인다. 아이는 어깨를 들썩이며 울고 있는 것 같다. 아이 앞을 보니 강아지가 누워 있는데, 죽었는지 숨을 쉬지 않는다.

이때 당신은 아이에게 어떻게 반응할 것인가? 당신은 아이에게 무슨 말을 해줄 것인가? 다음 빈칸에 적어보자.

O 나의 반응

부모의 일치형 소통 유형이
아이의 자존감을 높인다

당신의 답변은 다음 중에서 어떤 소통 유형과 비슷한가?

1. 회유형

이 유형으로 소통하는 부모는 다른 사람이나 상황은 존중하지만 자신은 무시하는 것이 특징이다. 이 유형은 상황을 축소하거나 일반화시켜 무시하는 경향이 있다.

예를 들어 아이가 사랑하던 강아지가 죽었을 때 회유형인 부모는 아이의 등을 토닥거리면서 이렇게 말한다.

"네 잘못이 아니야. 어차피 동물이나 사람은 한 번 태어나면 언젠가는 죽게 마련이란다. 너만 강아지를 키우다가 죽는 게 아니란다. 우리 멍멍이는 너처럼 좋은 주인 만나서 행복했을 거야. 지금은 하늘나라에서 재미있게 놀고 있을 거야."

이 유형의 부모는 자신의 내적 감정이나 생각을 무시하고 다른 사람의 의견이나 비위를 맞추려고 하며, 지나친 변명과 사죄를 하는 등 불필요하게 '굽히는' 행동을 보인다. 이 유형의 부모가 종종 하는 말은 이런 식이다. 주로 엄마들이 자주 하는 말이다.

"다 엄마(아빠) 탓이구나!"

"네가 없다면 엄마는(아빠는) 아무것도 아니야."

2. 비난형

이 유형으로 소통하는 부모는 회유형과는 정반대로 자신이나 상황은 존중하면서 타인은 무시하는 경우다. 이 유형의 부모는 아이의 생각이나 감정을 무시하고 아이 자체를 나무라는 경향이 있다. 예를 들면 이렇게 말한다.

"아니, 뭐 그런 걸 가지고 그러니? 이게 그렇게 울 일이니? 누가 보면 엄마 아빠 죽은 줄 알겠다. 울지 마!"

이 유형의 부모는 자신을 강하게 보이게 하려고 상대의 말이나 행동을 비난하고 명령조로 말한다. 외적으로는 공격적인 면모를 보이지만 내면에서는 소외감과 외로움을 느낀다. 이 유형의 부모가 종종 하는 말은 이런 식이다.

"이건 다 네 잘못이야. 넌 제대로 하는 게 없어. 그것도 모르니?"

한편 비난형의 부모가 잘 사용하는 것은 비교를 통한 비난이다.

"넌 어떻게 형 반만도 못하니? 아빠가 네 나이 때는 말이다. 이 정도 혜택은 누리지도 못했어. 넌 감사한 줄 알아야 해."

부모에게 이런 말을 들은 자녀는 화가 나고 맥이 빠진다. 이런 비난형은 우리나라 부모들에게서 가장 자주 볼 수 있는 유형이다.

3. 초이성형

이 유형으로 소통하는 부모는 상황의 해결만을 중요하게 생각하고 자신과 타인을 모두 무시한다. 예를 들어 아이가 사랑하던 강아지가 죽었을 때 초이성형인 부모는 이렇게 말한다.

"강아지가 무슨 일로 죽었을까? 뭘 잘못 먹었나? 아빠가 지금은 회사에 가봐야 하니까 이따가 동물병원에 가서 원인을 알아보자."

이 유형의 부모는 자신이나 상대의 감정을 잘 보지 않고, 원리 원칙을 강조하며, 사실관계와 규칙에 얽매여 있어서 차가워 보이지만 내면은 예민하고, 쉽게 상처받으며 고립된 느낌을 가지곤 한다. 주로 아빠들에게서 이런 유형을 많이 볼 수 있다. 이 유형의 부모가 잘 사용하는 말은 이런 식이다.

"그게 말이 돼? 한번 따져 볼까? 말이 되도록 논리적으로 말해야지."

필자가 상담했던 고등학생 남자아이가 있었다. 학교에 적응을 못해서 자퇴를 했고, 만성 우울증과 자살충동에 시달렸다. 부모는 아들의 안전이 걱정되어서 아들을 설득해 상담실에 가까스로 데려왔다. 아이는 몇 번의 상담을 통해 상담을 편하게 생각하게 되었고, 자신이 초등학교 때 겪었던 일을 말해주었다.

초등학교 때 아이가 학교에서 친구와 싸웠는데, 그 친구가 화를 내며 자신의 얼굴을 연필로 찔렀다고 한다. 아이는 급히 응급실로 옮겨져 마취주사를 맞고 상처 부위를 봉합하는 큰 수술을 받았다. 한쪽 얼굴에 붕대를 감고 병원에서 퇴원하던 날, 집에서 만난 아빠가 아이에게 했던 첫마디는 "이번 일로 뭘 배웠니?"였다. 어머니에게 아버지가 했던 말을 전하자 어머니가 했던 말은 "네가 아버지를 이해해라"였다.

아이는 그때 일을 회상하며 아빠와 엄마에 대해서 치를 떨었
다. 아이는 그날 자신에게 그렇게 질문한 아버지의 반응은 "잔인
했고", 아버지를 이해하라던 어머니의 말은 "절망적이었다"고 한
다. 아이의 심정을 도무지 헤아리지 않았던 초이성형 아버지와 아
들의 고통보다 남편을 더 어려워하느라 아들을 설득하려던 회유
형 어머니가 빚어낸 양육의 결과는 아들의 자퇴와 우울증 그리고
자살충동이었다.

4. 산만형

산만형으로 소통하는 부모는 자신, 타인, 상황을 모두 무시한
다. 이 유형은 가장 접촉하기 어려운 유형이다. 상황에 안 맞는
말이나 행동을 하기 때문에 부적절형이라고도 불린다. 예를 들
어 아이가 사랑하던 강아지가 죽었을 때 산만형인 부모는 장난
스럽게 말한다.

"우리 귀요미 아들, 뭔 일 있어? 강아지가 움직이질 않네? 강아
지가 죽었니? 왜 죽었을까? 누가 강아지를 죽게 한 거야? 아빠가
떼찌해줄 거야. 아빠랑 이제 맛있는 거 먹자. 주말에 놀이동산도
가고. 뿌요뿌요."

이런 유형은 상대의 감정이나 상황의 심각성에 관계없이 행동
하며, 말과 행동이 일치하지 않거나, 한 가지에 집중하지 못하고,

대화의 주제를 바꾸면서 회피하며, 의미 없는 말이나 농담을 한다. 이들의 내면은 사람들 모두가 자신을 거부한다고 믿기 때문에 자신에 대한 가치감이 낮고, 단절감과 고독감을 느낀다.

5. 일치형

일치형으로 소통하는 부모는 자신과 타인 그리고 상황을 모두 존중한다. 예를 들어 아이가 사랑하던 강아지가 죽었을 때 일치형인 부모는 아이를 안아주며 이렇게 말한다.

아빠 : 우리 서연이가 울고 있네. 이런, 강아지가 움직이질 않네? 강아지가 죽었나?(반영) 강아지가 움직이질 않아서 우리 서연이가 많이 놀라고 슬프겠구나(공감). 아빠도 너무 슬프다. 어떻게 하면 좋을까?(질문)

아이 : 강아지가 살아나면 좋겠어요.

아빠 : 그래 강아지가 살아나면 좋겠지(반영). 아빠도 그런 마음이야. 그전에 우리 병원에 가서 강아지가 정말 죽었는지 알아보면 어떨까?(제안)

아이 : 그럼 빨리 가요.

아빠 : 그래. 같이 병원에 가자.

(병원에서 강아지가 죽었다는 것을 확인받고 아이가 펑펑 운다.)

아이 : 아빠, 강아지 살려내!

아빠 : 서연아, 아빠도 너무 슬퍼. 하지만 한 번 죽으면 다시 살아날 수가 없어.

아이 : 왜 살아날 수 없어. 죽는 게 뭔데?

아빠 : 죽는다는 건 잠자는 것과 달라. 다시 깨어나지 못하는 거야. (아이가

조금 차분해진 후) 우리 강아지랑 멋지게 이별하면 어떨까?

아이 : 어떻게요?

아빠 : 무덤을 만들어서 서연이랑 우리 가족이 강아지가 보고 싶을 때마다 찾아가는 거야(제안).

아이 : 좋아요.

'반영'을 통해서 부모가 아이에게 벌어진 상황을 보이는 그대로 말해주면 아이는 상황을 객관적으로 보게 되면서 좀 더 차분해질 수 있다. '공감'을 통해서 아이의 입장에서 바라봐주고(인지적 공감), 아이의 심정을 감정 단어로 읽어주면(정서적 공감), 아이는 존중받는 기분과 함께 부모와의 유대감을 느낀다.

'질문'을 통해 자녀의 심정이나 바라는 것을 물어봐주고, '제안'을 통해 부모의 의견을 말하고, 자녀의 응답을 들으면서 '조율'한다. 이러한 소통 과정에서 부모와 자녀는 자신과 타인 그리고 상황 모두 존중하는 일치형으로 소통하게 된다(이 방법에 관해서는 본서 7장에서 자세히 다루기로 한다).

애착은 아이와 양육자 간의 정서적인 유대감이다. 애착 유형에는 불안 애착 유형, 회피 애착 유형, 불안–회피 애착 유형, 안정 애착 유형, 이렇게 4가지가 있다. 안정 애착 유형을 형성한 아이는 높은 자존감을 가지게 될 가능성이 높고, 나머지 애착 유형의 아이들은 그렇지 못하다. 아이의 애착 유형은 아이를 양육한 부모의 양육 태도에 달려 있다. 불안이나 회피 애착 유형으로 성장한 경우라도 따뜻하고 일치성 있는 대화를 지속적으로 경험한다면 안정 애착 유형으로 변할 수 있다. 부모가 제공하는 신체접촉과 놀이 그리고 책 읽어주기가 아이의 안정적인 애착 형성과 행복한 성장에 중요한 역할을 한다.

chapter 2

★

아이는 부모와의
소통을 통해
강해진다

아이의 애착 유형이
평생 영향을 미친다

아이의 애착 유형은 양육자와의 관계 경험을 통해 형성된다.
애착 유형은 아이의 인식과 인간관계에 평생 영향을 미친다.

아이의 애착 유형은 양육자와의
관계 경험을 통해 형성된다

"세 살 버릇이 여든까지 간다"는 말이 있다. 어려서 갖게 된 습관은 나이가 들어서도 고치기가 어렵다는 말이다. 마찬가지로 어려서 형성된 애착은 어른이 되어서도 쉽게 바뀌지 않는다.

애착은 아이와 양육자 간의 정서적인 유대감이다. 만 3세까지 부모와의 관계를 통해서 형성된 애착 유형은 향후 성인이 되어서 타인과의 관계 유형을 결정한다고 한다. 아이의 애착 유형은 양육자가 어떤 방식으로 아이의 욕구에 반응했느냐에 달려 있다.

애착에는 회피 애착 유형, 불안 애착 유형, 불안-회피 애착 유형, 안정 애착 유형, 이렇게 4가지가 있다.

1. 회피 애착 유형

승재는 겉으로 보기에는 얌전하고 모든 일에 순응적인 태도를 보이는 아이다. 다른 아이들과 놀기보다 혼자 레고 블럭을 맞추거나 책을 보는 것을 더 좋아한다. 승재는 친구에게 마음을 주지 않아 점점 외로워진다.

승재처럼 회피 유형의 아이는 부모로부터 자신의 욕구 중 일부에 대해서만 보살핌을 받고, 나머지에 대해서는 무시당했다. 이 유형의 아이는 엄마가 잠시 떠나 있다가 다시 돌아왔을 때 엄마를 보고도 무시하듯 회피한다. 양육자로부터 거절당한 기억 때문이다. 엄마가 안아주고 진정시켜주리라는 믿음이 없다. 이런 애착 유형의 아이는 자기감정을 위로받아본 경험이 없어서 자기표현을 억제하고 혼자서 조절하려고 한다. 그래서 또래 집단과 어울리기보다는 혼자 노는 경우가 많다.

아이는 성장하면서 자신의 감정에 대해 이야기하는 것을 어려워하고 때로 말로 표현하지 못하는 감정을 욱하는 분노로 표출하곤 한다. 이런 아이는 자신의 과거 경험을 통해 자신이 결국은 거절당할 것이라는 사실을 이미 학습했다. 그래서 종종 부모에게 도전적인 태도를 보이며, 부모가 자신을 거부하는지 안 하는지 실험해보기도 한다. 부모는 아이의 이러한 부정적이고 반항하는 듯한 태도가 불편해서 아이에게 거부의 태도로 반응하고, 아이는 그러한 부모의 태도에 다시 마음의 문을 닫는 악순환이 반복된다.

회피 애착 유형은 성장해서 어린 시절에 있었던 일들을 잘 기억하지 못하는 경우가 많다. 자존심과 독립심으로 구축한 방어막을 유지하기 위해서 아픈 기억들을 억눌러야 했기 때문이다. 대체로 엄마보다는 아빠에게서 이 유형을 더 많이 볼 수 있다.

2. 불안 애착 유형

선주는 쉽게 생떼를 쓰면서 보채고, 툭하면 성질을 부리는 여자아이다. 아이는 부모가 잠시 떠나고 자신이 낯선 상황에 놓이자 심한 불안감을 표현한다. 하지만 정작 엄마가 돌아와 안아줘도 쉽게 달래지지 않고, 엄마가 권하는 장난감을 뿌리치기도 한다. 부모에게 지나치게 매달리고, 잠시 자리를 비우면 돌아오지 않는다며 짜증을 내면서도 부모가 다가서려고 하면 저항하고 발로 차거나 밀어낸다. 아이는 부모가 안아줘도 계속해서 울기 때문에 달래기가 쉽지 않다.

선주처럼 불안 애착 유형의 아이는 양육자의 보살핌과 사랑을 불규칙적으로 경험했다. 아이의 표현과 요구에 부모 자신이 기분이 좋을 때는 아이에게 반응하고 예뻐했지만 힘들고 지칠 때면 반응하지 않고 신경을 쓰지 않는 등 일관되지 않은 태도로 양육했던 것이다.

이 유형의 아이는 양육자를 신뢰하지 못하고 불안하기 때문에 양육자의 눈치를 자주 보고 부모와 잠시만 떨어져 있어도 부모 가까이에만 있으려고 하며 주변에 대한 탐색을 잘하지 못한다. 또한 주변에 대한 이해가 부족하기 때문에 아이는 쉽게 불안해하고 다시 부모에게 매달리는 악순환이 반복된다.

이 유형의 아이는 성장하면서 자신이 맺고 있는 인간관계에 대해 불안해하고 스트레스를 자주 받는다. 또한 혼자 있거나, 싱글인 상태로 지내는 것을 견디기 어려워한다. 이 유형 중에 심한 경우는 친구나 연인 혹은 배우자가 언제나 자신을 안심시키고, 끊임없는 관심을 보여야만 불안함이 조금 진정된다. 대체로 아빠보다 엄마가 불안 애착 유형일 확률이 더 높다.

3. 불안-회피 애착 유형

이 유형은 위의 불안 애착 유형과 회피 애착 유형의 문제점을 모두 모아놓은 '모둠 메뉴' 같은 경우다. 어린 시절에 학대를 받았거나 심각한 수준으로 방치되었던 아이들이 불안-회피 애착 유형으로 성장할 가능성이 높다.

불안 애착을 형성한 아이들은 부모와 떨어져 있다가도 다시 만나게 될 때 모순되고 혼란스러운 행동을 보인다. 부모가 안아주면 다른 곳을 바라보거나 활기 없고 우울한 표정으로 부모에게 접근하기도 하고, 때로 부모로부터 도망쳐서 벽에 머리를 기대기도 한다.

이들은 친밀감을 갖거나 책임지는 것을 두려워하고, 누군가가 가까이 다가오려고 하면 감정적으로 심하게 반발하기도 한다. 이런 불안-회피 애착 유형을 가진 아이는 성장해서 알코올 의존, 중독, 우울증 등 인생의 전반에 걸쳐 문제 행동을 보이곤 하며, 성인기에는 정신 병리적 장애를 나타낼 가능성도 적지 않다.

4. 안정 애착 유형

어린 시절 양육자의 따뜻하고 일관성 있는 사랑과 관심을 받고, 자신의 욕구가 적절하게 채워지는 경험을 한 아이들은 세상이 안전하고 살 만한 곳이라는 신뢰의 느낌을 갖게 되면서 안정 애착 유형이 될 가능성이 높다.

안정된 애착을 형성한 아이들은 부모를 일종의 안전 기지로 삼아서 능동적이고 적극적으로 주변 환경을 탐색한다. 부모가 잠시 보이지 않을 때는 아이의 성향에 따라 울기도 하고 울지 않기도 한다. 하지만 부모가 다시 돌아올 때는 부모를 반기고 쉽게 안정을 되찾는다. 부모가 다시 돌아와서 자신에게 일관되게 따뜻한 반응을 보여줄 것이라는 믿음이 있기 때문이다.

안정 애착 유형의 아이는 성장하면서 혼자 독립적으로 잘 지내고 타인과의 교류에서 관심과 애정을 표현할 때에도 별다른 어려움을 겪지 않는다. 이들은 거절당하더라도 아픔을 극복하고 앞으로 나아가는 법을 안다. 가까운 사람들에 대한 믿음이 있고, 자기 스스로가 인간관계 속에서 믿을 만한 사람이라는 자아상을 가지고 있다. 이들처럼 안정적인 애착을 형성한 사람은 친구나 연인 혹은 배우자로서 가장 적합한 상대라고 할 수 있다.

애착 유형은 아이의 일생에
큰 영향을 미친다

심리학자인 바톨로미우Bartholomew와 호로위츠Horowitz는 이러한 4가지 애착 유형에 따라 아이가 자신과 타인에 대한 이미지를 긍정적으로 혹은 부정적으로 인식하는 데 영향을 받는다고 주장했다. 예를 들어 회피 애착 유형은 자신을 긍정적으로 인식하지만 타인에 대해서는 부정적으로 인식한다(그래서 거만한 인상을 주고 한 사람에게 헌신하는 것을 두려워한다).

불안 애착 유형은 자신에 대해서는 부정적이지만 타인에 대해서는 긍정적인 인식을 가지고 있다(그래서 타인에게 집착하는 행동을 보인다). 불안-회피 애착 유형은 그냥 온 세상이 부정적으로 보인다(그래서 관계 속에서 정상적으로 기능하는 것이 어렵다). 안정 애착 유형은 자신과 타인에 대한 인식이 모두 긍정적이기 때문에 혼자 지낼 때나 다른 사람과 상호작용을 할 때도 안정적이다.

사람은 자신의 애착 체계를 더 완전하고 안정적인 것으로 만들어가고 싶은 욕구가 있기 때문에 회피 애착 유형은 자신보다 감정적인 표현 능력이 활성화되어 있는 불안 애착 유형에게 끌리고, 불안 애착 유형은 자신보다 이성적인 사고 능력이 발달한 회피 애착 유형에게 끌린다. 예를 들어 불안 애착 유형 여성은 일명 '나쁜 남자'로 불리는 회피 애착 유형 남자에게 끌린다. 결국 불안정 애착 유형의 사람들끼리 만나기 쉽다.

그렇다면 불안정 애착인 이 두 유형이 만나 결혼을 한다면 어떤 가정을 꾸리게 될까? 회피 애착 유형의 남편은 구속하는 아내(불안 애착 유형)로부터 늘 도망치고, 불안 애착 유형의 아내는 그런 남편으로부터 사랑받지 못한다는 느낌을 받아서 비참하고 세상에 나만 혼자인 것 같은 외로움을 느낀다.

그렇다면 이렇게 만난 부부가 안정 애착 유형이 되어서 행복하게 살 수 있는 희망은 없는 것일까?

인식 형태에 따른 4가지 애착 유형

자기 긍정 타인 부정	자기 부정 타인 긍정	자기 부정 타인 부정	자기 긍정 타인 긍정
회피 애착 유형	불안 애착 유형	혼란 애착 유형	안정 애착 유형

어떤 애착 유형 하나만을 절대적으로 가지고 사는 사람은 없다. 사람마다 어느 정도씩 각 유형의 특성들을 각기 다른 수준으로 가지고 있다. 반가운 소식은 애착 유형이 아주 조금씩, 그리고 아주 힘겨운 과정을 거쳐서 변할 수 있다는 사실이다. 연구에 의하면 불안정 애착 유형의 부부끼리 만났다고 하더라도 서로가 따뜻하고 일관성 있는 대화를 헌신적이고 지속적으로 하다 보면 안정 애착 유형으로 바뀔 수 있다. 이것은 아이를 양육하는 부모에게도 해당된다.

부모가 불안정 애착 유형이라고 하더라도 따뜻하고 일관성 있게 아이의 필요를 채워주는 양육을 제공하다 보면 아이뿐만 아니라 부모의 애착 유형도 점점 안정형으로 바뀔 수 있다고 한다.

한편 애착 연구의 아버지로 평가받는 보울비John Bowlby에 따르면 아이가 안정적인 애착을 형성하기 위한 부모의 태도에는 3가지 특징이 있다고 말했다. 첫 번째는 따뜻함, 두 번째는 일관성, 세 번째는 아이의 신호와 필요에 민감하고 적절하게 반응해주는 것이다.

안정적인 애착은 인생의 어려움을 잘 대처할 수 있게 해준다

아이는 옆에서 부드럽게 접촉해주는 대상을 안전 기지로 삼아
주변 환경을 탐색하고, 세상에 대한 지식을 넓혀 나간다.

안정적인 애착은
인생의 어려움과 고통에 강하다

아이가 독립적으로 행동하기 위해서는 아이가 전적으로 의존하고 믿을 수 있는 안전 기지 같은 애착 인물이 반드시 필요하다. 아이가 양육자인 부모를 안심하고 믿을 만한 안전 기지로 인식하게 되면 아이는 부모가 잠시 보이지 않거나 떨어져 있어도 크게 스트레스를 받지 않고 안정감을 기반으로 주변 환경과 세상을 탐색할 수 있다.

한 남자가 비행기 공포증이 있었다. 그는 항상 여행을 떠날 때마다 매우 불안해했다. 어느 날 여느 때와 다름없이 초조하고 절망스러운 기분으로 비행기 탑승 안내를 기다리고 있었다.

그런데 공항 대기실의 승객들 사이로 아주 의젓하게 걸어 다니는 아이가 있었다. 비행기에 타고 나서 보니 바로 옆자리에 있는 아이가 바로 아까 보았던 그 남자아이라는 것을 알고 너무 기뻤다. 왠지 이 아이가 자신에게 편안한 느낌을 주는 것 같았다.

이윽고 비행기가 이륙하자 아이는 그림책을 꺼내서 아무 근심이나 걱정 없이 태연하게 색칠하기 시작했다. 여행 도중에 비행기는 거친 폭풍우를 만났다. 요란한 소리와 함께 비행기의 갑작스러운 동요에 몇몇 승객들이 긴장했다. 하지만 이 남자는 공포심 때문에 거의 실신할 지경이었다. 그런데 옆자리를 보니 아이는 아무렇지도 않은 듯 천진난만하게 앉아 있었다. 혼란스러워진 이 남자가 아이에게 물었다.

"너는 아직 어린 데다 비행기를 타고 혼자 여행을 하면서 이런 폭풍까지 만났는데……어떻게 이렇게 침착할 수가 있니? 넌 무섭지 않니?"

그러자 아이가 남자를 쳐다보며 대답했다.

"아니요. 전혀 안 무서워요! 우리 아빠가 이 비행기 조종사거든요!"

(『가족을 변화시키는 56가지 이야기』 117쪽)

위 예에서 공포를 느끼며 불안하게 여행한 남자는 성장기에 안정적인 애착 유형을 형성하지 못한 사람이고, 태연하고 침착하게 여행을 즐기는 아이는 애착 인물과 안정적인 애착관계를 형성한 사람에 비유할 수 있다.

안정적인 애착 유형의 사람은 불안정한 애착 유형의 사람보다 폭풍우 같은 인생의 어려움을 더 잘 대처하고 극복하면서 인생이라는 '비행기 여행'을 다른 사람보다 더 즐길 수 있다. 이렇듯 애착 유형이 다른 이유는 아이에게 '안전 기지 같은 애착 인물'이 있는 지의 여부에 달려 있다.

아이의 뇌에서는
애착 시스템이 작동한다

아이의 뇌에는 양육자로부터 떨어질 때마다 불안감을 증대시키는 애착 시스템이 작동한다. 이 시스템은 부모로부터 떨어져 지내는 것을 방지하도록 뇌에 장착된 감지기 같은 것이다. 이 '시스템'을 가지고 있는 아이는 양육자가 눈에 보이지 않으면 심리적 안정을 얻을 수 없기 때문에 더 이상 편안하게 주위 환경을 탐색할 수 없다.

지금부터 설명할 실험은 프로젝트 ABC의 디렉터인 리처드 코헨Richard Cohen 박사가 실험한 '아빠의 무표정하기 실험'이다. 이 실험은 아이의 애착 시스템이 작동할 때 아이가 어떻게 불안한 행동을 하게 되는지를 잘 보여준다.

아이와 아빠가 같이 놀고 있다. 그들은 서로 익숙한 놀이를 하며 즐거워한다. 실험 진행자가 아빠에게서 아이로부터 고개를 돌리게 한 후 무표정한 얼굴로 다시 아이 쪽을 보고, 무표정을 유지하면서 아이에게 반응해주지 말 것을 요구했다. 이때 무표정한 아빠의 얼굴을 본 아이의 반응은 거의 즉각적으로 나타난다. 아이는 안절부절못한다. 그러면서 아빠를 다시 예전처럼 되돌리기 위해 노력한다. 아이는 아빠를 보며 귀엽게 웃거나, 손짓을 하면서 다시 아빠의 관심을 얻고자 한다.

하지만 자신의 노력이 통하지 않자 당황해하며 방 안 여기저기나 주위의 다른 것들을 둘러본다. 아빠가 무표정한 얼굴을 한 지 3분 만에 아이는 매우 불안정한 상태가 된다. 아이는 의자를 벗어나려고 애쓰고 불편해하며 아빠에게 손을 뻗으며 운다.

이때 실험자가 주는 신호에 따라 아빠는 다시 정상적인 원래 아빠의 표정으로 돌아간다. 아이와 아빠는 다시 기쁘게 만난다. 그들이 바로 3분 전에 경험했던 일상으로 돌아온다. 아이는 비로소 안심하기 시작하고 다시 편안한 표정으로 아빠와 놀고 즐거워한다.

만약 부모가 적절하게 반응해주지 않는 이러한 '3분' 같은 경험을 아이가 자주 경험한다면, 아이의 성장 과정에서 신경학적인 패턴이 변해 자신의 감정을 정확히 인식하고 조절하는 능력이 떨어지고, 다른 사람과의 관계 가운데 건강하게 상호작용하는 능력을 발달시키기가 점점 어려워질 것이다.

아이가 이런 양육자와 함께 살게 되면 지속적으로 불편함, 불만족, 불안감 등을 경험할 수 있다. 이러한 경험을 자주 할 때 아이는 심각한 스트레스를 받으며 생존의 위협을 느끼기도 한다. 아이는 이럴 때 자신의 생존에 위협이 되는 스트레스로부터 스스로를 보호하고 생존 가능성을 높이기 위해 자신의 욕구를 부인하거나 합리화하거나 투사하는 등 일종의 방어막인 방어기제를 사용하게 될 것이다.

방어기제를 사용하는 아이는 '자기답게(자존감)' 자신의 생각과 감정을 잘 표현하지 못하고, 다른 사람과의 관계에서 '즐겁게(사회성)' 상호작용하는 것이 어렵다. 이런 아이는 부모의 눈치를 보거나 우울증에 빠지고, 충동을 참지 못해서 산만하고, 불편한 감정을 적절하게 언어화시키지 못해서 분노를 폭발하는 행동을 할 수 있다. 아이의 방어기제를 낮추고 안정적인 애착을 높이는 데 있어서 무엇보다 중요한 것이 있다. 바로 부드러운 접촉이다.

이러한 사실은 '할로우Harlow와 짐머만Zimmerman의 애착 실험 (1959)'을 통해 입증되었다. 8마리의 원숭이가 태어나자마자 엄마로부터 분리되어 2개의 대리모와 함께 우리 안에 놓이게 되었다. 한쪽 대리모는 철사 줄로 만들어졌고, 다른 쪽 대리모는 부드러운 헝겊으로 만든 것이었다. 4마리의 원숭이는 철사 엄마로부터 우유를 얻었고, 다른 4마리의 원숭이는 헝겊 엄마로부터 우유를 얻었다.

8마리의 원숭이를 6개월 가까이 관찰한 결과, 두 그룹의 원숭이 모두 어느 쪽 대리모에게 우유를 얻을 수 있는지의 여부와 상관없이 헝겊 엄마와 더 많은 시간을 보냈다. 아기 원숭이는 배고플 때에만 우유를 얻을 수 있는 철사 엄마에게 갔다. 우유를 다 먹고 나면 다시 헝겊 엄마에게로 돌아가 대부분의 시간을 보냈다. 무서운 물건이 우리 안에 들어왔을 때 아기 원숭이는 헝겊 엄마에게 가서 안겼다.

이러한 결과를 통해 애착 형성에 중요한 요인은 수유를 통한 배고픔의 해소가 아니라 부드러운 접촉을 통한 위안이라는 것이 분명해졌다. 아기 원숭이는 헝겊 엄마 옆에 있을 때에 주변을 더욱 적극적으로 탐색했다.

원숭이 실험 결과는 아이의 애착 형성 과정에 고스란히 적용되었다. 아이는 자기 옆에서 부드럽게 접촉해주는 대상(주로 양육자)을 안전 기지Secure base로 삼아서 주변 환경을 탐색하고, 세상에 대한 지식을 넓혀 나간다.

다음 장에서는 애착 형성의 근간이 되는 접촉에 대해 더 자세히 알아본다.

- **방어기제(Defense Mechanism)** 스트레스 및 불안의 위협에서 자신을 보호하기 위해 실제적인 욕망을 무의식적으로 속이면서 대체하는 방식이다. 인간은 갈등에서 비롯된 불안으로부터 자신을 보호하기 위해 다양한 방어기제를 사용한다.
- **부정** 가장 원시적인 방어기제로 자신에게 불안을 일으키는 위협적인 현실

에 눈을 감아버림으로써 불안을 방어해보려는 수단이다. 예를 들어보자. 필자가 상담했던 부부에게 세 살짜리 남자아이가 있었는데, 상담 첫날 상담사와 눈이 마주치자 아이는 불편한 듯 눈을 감아버렸다. 부모는 아이가 종종 자신이 불편한 상황에서 눈을 감는다고 했다. 아이는 부모의 잦은 다툼으로 스트레스가 누적되었고, 안전하지 않은 현실 상황에 눈을 감고 현실의 고통과 불안을 부정하는 방어기제를 발달시킨 것이다.

• **퇴행** 유아기 같은 초기의 발달단계로 되돌아가 안주하려는 방어수단이다. 예를 들어보자. 동생과 5세 터울인 언니가 동생이 태어나자 나이에 어울리지 않게 갑자기 "응애, 응애" 하거나 평소에 안 부리던 응석을 부리고 대소변을 잘 가리다가도 못 가리는 경우가 있다. 이는 둘째에게 쏠리는 부모의 관심을 자신도 받으려는 무의식적 욕구에서 발현한 행동이다. 성인의 경우 역시 스트레스가 많거나 회피하고 싶은 일이 있을 때 엄마 뱃속의 아기처럼 웅크린 형태로 잠을 자는 것을 볼 수 있다. 이것 역시 일종의 퇴행이다.

• **전환** 자신에게 위협을 주는 대상이나 사람으로부터 덜 위협적인 대상이나 사람에게 에너지를 쏟는 방식이다. 예를 들어보자. 회사에서 상사에게 꾸지람을 들은 남편이 상사 앞에서는 아무 말도 못하고, 집에 와서 아내에게 집안 청소나 음식을 트집 잡아 화를 낸다. 남편에게 스트레스를 받은 아내는 아이가 집안에 낙서를 하고 어지럽힐 때 평소보다 더 크게 소리를 지르고 머리를 쥐어박아 아이가 운다. 아이는 엄마한테 받은 스트레스 때문에 자기와 놀던 강아지의 귀를 잡아당기고 등을 때리게 되고 강아지는 '깨갱' 소리를 내며 도망간다. 결국 상사의 꾸지람이 아이가 강아지를 때리는 행동에 이르기까지 전환된 것이다.

아이는 접촉을 통해서
강해진다

아기의 생존과 애착 형성에 가장 중요한 것은 접촉이다.
접촉을 경험할 때 아이의 뇌에서 중요한 변화가 일어난다.

아기의 생존과 애착 형성에
접촉만큼 중요한 것도 없다

필자는 2001년부터 2011년까지 10년 동안 미국 LA에서 거주했다. 처음 몇 년은 대학원을 다녔고, 나머지 시간은 아시아계 미국인들을 대상으로 심리상담 서비스를 제공하는 심리상담사로 근무하며 직장생활을 했다. 그 무렵 즐겨보던 프로그램이 있었는데 디스커버리 채널에서 방영했던 〈인간과 자연의 대결〉이다.

주인공인 영국군 장교 출신의 베어 그릴스가 오지를 찾아가서 생존하는 과정을 보여주는 프로그램이었다. 그는 가벼운 배낭 하나를 메고는 생존에 필요한 도구들과 먹을 것, 잠자리 등을 자연에 있는 지형지물을 이용해서 조달했는데, 그 방법이 기발하면서도 자연스러웠다. 그는 오지의 자연을 헤쳐 나가며 거미, 장미풍뎅이 애벌레, 죽은 얼룩말, 자기 소변, 악어, 익힌 스컹크 고기 등을 먹었다. 필자가 중학교 때 흠뻑 빠졌던 〈맥가이버〉라는 외화 드라마의 '오지 판version'이라는 생각이 들었다.

만약 우리 중 누군가가 그런 오지에 남겨져 표류해야 한다면 어떨까? 살아남기 위해 무엇이라도 먹고, 무엇이라도 하려고 하지 않을까? 인간의 본능 중에 가장 강한 것이 생존 본능과 의지이기 때문이다.

갓 태어난 아기는 세상이라는 오지에 도착한 '베어 그릴스'와 같다. 아기는 생존 본능과 의지로 가득하다. 조금만 불편하거나 배가 고파도 울음을 터뜨린다. 조금도 지체하지 않는다. 배가 고플 때 젖병을 물려주면 배운 적도 없는데, 그렇게 잘 빨 수가 없다. 하루의 대부분을 잠으로 보내는데, 그것은 아기의 생존과 성장에 필수적이다. 아기의 생존과 성장 그리고 애착 형성에 젖이나 잠 못지않게 중요한 것이 접촉이다.

아기는 자신을 규칙적으로 돌봐주고 접촉해주는 사람이라면 누구든지 가리지 않고 애착을 갖게 된다. 맞벌이 부모를 대신해서 아기를 돌봐주는 친할머니든지, 아파서 입원한 엄마를 대신해 아기를 돌보고 있는 무심한 아빠든지 상관이 없다. 아기들이 엄마에 대해서 더 빠른 시기에 강한 애착을 느끼는 이유는, 엄마가 직접 아기와 '접촉'하면서 돌보는 경우가 많기 때문이다. 아이의 생존에 있어서 접촉이 없어서는 안 될 절대적인 요인이라는 것을 어떻게 알 수 있을까?

앞에서 소개한 '할로우와 짐머만의 애착 실험(1959)'에서 아기 원숭이의 애착 형성에 가장 중요했던 것은 철사 엄마 원숭이 앞에 놓인 먹을 것보다는 부드러운 헝겊으로 만들어진 엄마와의 접촉이었다. 당시 실험자들은 이 실험이 사람에게도 동일하게 적용될 수 있는지 궁금했다. 하지만 원숭이에게 했던 실험을 아기들에게 한다는 것은 윤리적인 문제가 있어 진행되지 못했다. 그러다가 의도치 않은 계기를 통해서 아기를 대상으로 한 '애착 연구'가 진행될 수 있었다.

제2차 세계대전이 끝나던 해인 1945년에 오스트리아의 정신분석가이자 정신과 의사였던 르네 스피츠René Spitz는 우연한 기회에 전쟁 고아들을 모아놓은 일반 고아원과 여성 재소자가 보모 역할을 하는 감옥에서 아기들이 각각 얼마나 잘 지내는지를 비교하는 연구를 하게 되었다.

두 곳 모두 아기들에게 충분한 음식과 의복이 제공되었다. 특히 고아원은 여성 재소자들이 있는 감옥보다 깨끗한 시설과 영양이 풍부한 음식을 제공하는 수준 높은 환경을 자랑했다. 그런데 고아원 아이들 중 3분의 1가량은 생애 첫 해를 넘기지 못하고 죽어갔고, 남은 아이들도 신체적으로나 정신적으로 발달이 부진했다. 더욱이 남은 아이들도 체중이 줄어드는가 하면 무표정한 얼굴로 거의 움직임이 없는 모습이 관찰되었다. 조사 결과 사망 원인은 전염병도, 영양실조도, 학대도 아니었다.

반면에 여성 재소자들이 보모 역할을 하며 아기를 돌보던 교도소는 위생 수준도 안 좋고 음식의 질도 낮았지만 이곳에서는 사망한 아이가 단 한 명도 없었다. 왜 이런 차이가 생긴 걸까? 르네 스피츠가 발견한 결정적인 차이는 바로 아기들이 피부로 경험하는 누군가의 손길, 즉 접촉의 유무였다. 일반 고아원은 시설이나 영양 공급에 있어서는 부족함이 없었지만 아기들에게 접촉을 제공할 만한 양육자가 적었고, 아기를 안아주는 행동을 최소화하는 규칙을 세우고 따랐다.

하지만 여성 재소자가 있는 교도소는 일반 고아원보다 시설이나 환경은 열악했지만 아기들의 친엄마뿐만 아니라 다른 여성 재소자들이 아기들의 보모가 되어 따뜻한 접촉을 지속적으로 제공해주었다. 여기에서 르네 스피츠는 아이의 생존과 성장에 더 큰 기여를 하는 건 완벽한 환경이 아니라 살과 살이 맞닿는 접촉이라는 결론을 내리고, '접촉 박탈'에 관한 연구 결과를 발표했다.

이 같은 르네 스피츠의 연구 결과가 나온 이후 고아원은 아기들을 보살피는 인력을 늘리고, 아기들을 안아주고, 말을 걸어주면서 돌봐주도록 했다. 그러자 유아 사망률이 급감했고, 발육부전이나 정신 지체에 의한 손상을 겪는 문제도 사라졌다.

르네 스피츠의 이 연구는 사람은 먹고, 자고, 입는 것만으로 살 수 있는 존재가 아니라 신체 접촉을 통해서 사랑이 채워질 때만 살아갈 수 있는 존재이며, 접촉의 결핍은 아기들의 신체적, 정서적 미성숙, 인지 발달의 지체뿐 아니라 죽음까지도 불러올 수 있는 무서운 현상이라는 사실을 입증한 첫 번째 연구였다. 한편, 아이가 접촉을 경험할 때 아이의 뇌에서는 중요한 변화가 생겨난다.

접촉을 경험할 때 아이의 뇌에서
일어나는 중요한 변화들

접촉은 피부를 통해서 이루어진다. 피부의 무게는 3kg으로 우리 몸에서 가장 무거운 기관이다. 피부는 추위와 더위 같은 온도와 외부 자극으로부터 몸을 보호하며 감촉을 느끼는 무수한 수용체로 덮여 있다. 아이의 피부를 통해서 전해지는 느낌은 아이의 뇌에 즉각적으로 전달된다.

그런 이유에서 피부를 '겉으로 드러난 두뇌'라고도 부른다. 미국 베일러 의과대학교의 연구 결과에 따르면, 부모의 스킨십을 잘 받지 못한 아기는 뇌 발달이 정상아보다 20~30% 정도 늦었고, 정서적으로도 불안한 모습을 보였다.

반면에 부모나 양육자가 자주 안아주고 쓰다듬어주어 평소 신체 접촉을 많이 경험한 아이는 두뇌가 발달하고 정서적으로도 안정적으로 성장했다. 부모와 접촉을 경험하는 순간 아이의 뇌에서는 옥시토신과 엔도르핀이 분비된다. 옥시토신은 뇌와 근육에 작용하는 호르몬으로서 다량이 분비되면 근육이 이완되고 마음이 편안해지면서 정서적인 안정감을 얻는다.

특히 부모가 가볍게 쓰다듬기, 마사지 혹은 포옹 같은 신체 접촉을 해줘서 아이의 옥시토신 분비가 촉진되면 아이는 자신이 가치 있고 사랑스러운 존재라는 생각을 갖게 되고, 낯선 세상을 알아가는 것을 주저하거나 두려워하지 않고 자유롭게 탐색할 수 있게 된다.

필자가 오래전에 6개월 동안 상담했던 5세 여자아이가 있었다. 아이는 어린이집에서 적응하지 못하고, 또래들과 놀다가도 갑자기 혼자 나가서 돌아다니곤 했다. 친구들과 눈을 마주치지 못하고, 언어와 두뇌 발달도 또래에 비해 늦다 보니 어린이집 입장에서는 아이를 계속 데리고 있어야 할지 다른 곳에 가도록 해야 할지 고민이었다. 다른 곳으로 보내자니 어디로 보내야 할지 몰라 자문과 상담을 겸해 찾아온 사례였다.

필자는 아이의 반응과 행동을 보고, 유사자폐와 반응성 애착장애의 가능성을 염두에 두었다. 유사자폐는 자폐의 일종으로 선천적으로 문제를 가지고 태어난다. 이런 아이는 언어 능력에는 문제를 보이지 않지만 공감 능력에 문제가 있어서 사회성에 어려움이 있다. 반응성 애착장애는 후천적인 장애로서 아이의 결정적인 시기에 양육자와의 애착에 문제가 있을 때 생길 수 있다.

필자는 문제점을 정확히 확인하기 위해 아이를 병원에서 진단받게 했는데, 결과는 '반응성 애착장애'였다. 부모로부터 아이의 성장 과정에 대해 들었다. 부모가 맞벌이를 하느라 아이는 아기 때부터 보모 할머니에게 맡겨졌다. 할머니는 아이를 등에 업고 여기저기 산책을 많이 다니셨다.

그런데 할머니는 등에 업힌 아이가 울어도 그냥 걷기만 했고, 아이의 몸을 쓰다듬거나 마사지를 해주는 등의 신체 접촉은 거의 없었다. 아이와 눈을 마주치거나 말을 걸어주는 등의 상호작용도 없었다. 아이가 이 보모 할머니와 함께 있으면서 경험한 것은 르네 스피츠가 관찰했던 시설 좋은 고아원에 있던 아기들과 큰 차이가 없었다.

이 아이는 부모나 양육자로부터 필요한 접촉을 제공받지 못해 두뇌 발달이 늦고, 뇌에서 정상적인 발달을 위해 필요한 호르몬이 적절하게 분비되지 못했기 때문에 반응성 애착장애가 생겼다고 볼 수 있다.

이 아이처럼 부모나 양육자로부터 스킨십이 부족한 아이는 정서적으로 불안하고 산만해지는 특성을 보인다. 그리고 신체적, 정신적 발달이 늦고, 갑자기 성질을 부리거나 돌발적인 행동을 보이며, 물체에 집착하는 등의 행동을 보이기도 한다. 이런 아이들은 성인이 되어서도 정서적으로 불안정하고, 우울증에 시달리거나 친구관계, 이성관계에 적응을 못할 확률이 높다.

아이와 부모는 6개월간 상담을 받았다. 이 과정에서 아이의 행동에는 약간의 변화가 있었지만 크게 호전되지는 않았다. 정작 상담을 통해서 많이 바뀐 것은 아이의 부모였다. 부부는 자신들이 맞벌이로 본의 아니게 아이가 중요한 시기에 잘 돌봐주지 못한 것을 모두 부모의 책임으로 인정하며 마음 아파했다. 부부는 상담에서 배운 대로 집에서 아이와 의도적으로 더 많이, 더 다양한 방법으로 스킨십을 하고 놀아준다고 했다. 그러다 보니 아이에 대한 애정이 이전보다 더 커졌다고 말했다.

이 부부의 사례처럼 부모가 자녀에게 의도적으로 제공한 스킨십의 영향으로 부모가 자녀에 대해 갖는 부성애나 모성애가 높아지는 경우가 적지 않다. 연구 결과에 따르면 부성애나 모성애가 많아서 아이에게 더 많이 스킨십을 하기보다 아이에게 스킨십을 많이 하다 보니 부모의 부성애와 모성애가 더 커진다고 한다. 혹시 아이에게 애정이 안 간다고 느끼는 부모가 있다면 애정이 생길 때까지 기다릴 것이 아니라 오히려 더 의도적으로 아이에게 스킨십을 시도해보자.

가슴 뛰게 놀아본
아이는 우울하지 않다

아이는 놀아야 정상적으로 성장할 수 있다.
아이가 잘 놀기 위해서는 부모가 먼저 잘 쉬어야 한다.

놀 줄 아는 아이가
건강하게 잘 큰다

필자가 초등학교 때만 해도 골목이나 놀이터에서 노는 아이들의 모습을 쉽게 볼 수 있었다. 이른바 '골목문화'가 있었다. 그런데 요즘은 아이들이 노는 골목이란 개념 자체가 거의 사라진 것 같다. 놀이터를 가봐도 노는 아이들을 잘 볼 수 없다. 우리나라 아이들이 공부하는 시간은 길고 노는 시간은 적다는 것은 이미 세계적으로 화제가 된 적이 있다.

전문가들은 이렇게 놀 수 있는 공간과 시간이 절대적으로 사라지면서 한국의 많은 아이가 '놀이 불능' 상태에 빠질 수 있다고 경고한다. 중앙대 사회복지학과 최영 교수는 "놀이의 기본은 '자율성'인데, 아이들이 스스로 놀아보지도 않고 주어진 일과만 수행한다면 결국 무언가를 계획하고 실행하는 주체성을 잃게 될 것"이라고 지적했다.

아이들 중에는 공부 압박이 낳은 '휴식 포비아'를 겪으면서 스스로 '놀기'를 거부하는 경우도 있다. 부모가 "공부하지 말고 놀아도 된다"고 말해도 민수는 책을 놓지 못한다. 그렇다고 책을 집중해서 읽는 것도 아니다. 온 가족이 나들이를 가면 "공부를 해야 한다"며 울음을 터뜨리기도 했다. 이렇게 민수처럼 놀이 불능에 빠진 아이들은 우울증이나 불안 ADHD, 틱 같은 증상을 보이기도 한다.

이러한 증상을 보이는 아이들은 어떻게 도와야 할까? 이런 아이들에게 유효한 좋은 약이 있을까?

소아정신과에서 처방해주는 약이나 한의원에서 조제해주는 약도 좋겠지만, 가장 좋은 약은 아이들의 가슴을 뛰게 만드는 놀이 경험이다. 놀이란 하고 싶은 것을 하는 것이다. 아이의 뇌에 번쩍번쩍 불을 켜주는 데에 놀이만큼 좋은 것은 없다. 3차원적인 놀이는 아이의 소뇌를 활성화시키고 전두엽에 많은 자극을 주어 기억력 증진을 돕는다. 신나게 놀아본 아이는 우울할 겨를이 없다.

어린 쥐들은 자라면서 본능적으로 놀이에 빠진다. 이런 어린 쥐들을 대상으로 놀이에 관한 실험을 했다. 실험 대상 쥐들에게는 노는 것을 금지하고 다른 쥐들에게는 허용해주었다. 그런 후에 양쪽 그룹의 쥐들에게 고양이 냄새가 배어 있는 굴레를 채워주자 본능적으로 두 그룹의 쥐들은 모두 쥐 굴 속으로 도망가 숨었다. 고양이에게 잡혀서 죽기 싫은 본능에 따른 것이다. 그 후에는 어떻게 되었을까?

두 그룹의 쥐들은 도망가 들어간 굴에서 모두 한동안 몸을 숨기고 나오지 않았다. 그러다가 놀이가 허용되었던 쥐들은 머리를 빼꼼히 내밀고는 고양이가 있는지 살피면서 주변 환경을 천천히 탐색하기 시작했다. 고양이가 없는 것을 확인하고는 다시 밖으로 나왔다. 하지만 놀이가 금지되었던 쥐들은 다시는 굴 밖으로 나오지 않았다. 그러다 결국 자신들이 숨은 그 자리에서 죽었다.

쥐들은 인간과 똑같은 신경전달 물질과 비슷한 대뇌피질 구조를 가졌기 때문에 이 실험을 통해서 놀이가 우리의 생존과 성장에 얼마나 중요한지 짐작해볼 수 있다. 즉 놀아본 쥐들은 스트레스 때문에 움츠렸던 상태를 벗어나 다시 원래 상태로 돌아가는 '회복탄력성'이 높았다. 마찬가지로 친구나 가족과 신나게 놀아본 아이들은 살아가면서 스트레스 상황을 만날 때 잠깐은 움츠리고 피하겠지만 다시 원상태로 복귀하려는 회복탄력성이 높다. 이러한 회복탄력성은 자기답고 일치성 있게 표현하는 자존감과 다른 사람과 즐겁게 상호작용하는 능력인 사회성의 바탕이 된다.

인간의 놀라운 특징 중 하나는 평생에 걸쳐서 놀도록 설계되었다는 사실이다. 여기서 잘 논다는 것은 외롭지 않고 즐겁게, 신나게 그리고 재미있게 노는 것이다. 친구나 가족과 함께 양질의 시간을 보내거나, 책을 읽고 혼자만의 상상의 나래를 펼치는 것이 이에 해당한다. 부모가 할 일은 자녀가 이런 식으로 잘 놀 수 있도록 돕는 것이다.

중년의 부모가 20대 초반의 아들을 데리고 상담을 하러 온 적이 있었다. 아들은 채팅하던 사람들에게 자신의 나체 사진을 보내려다가 실수로 부모의 휴대전화에까지 전송하게 되었다. 아들의 나체 사진을 받아본 부모는 놀라고 당황스러운 마음에 아들과 대화를 시도했고, 정신과에도 방문했다. 그 결과 아들이 어려서부터 부모에게 애정을 받지 못해서 외로워했고, 사람들과의 관계도 원만치 않아서 친구가 없다는 것을 알게 되었다. 아들이 유일하게 외부와 소통하는 창구는 SNS에서 자신에게 관심을 주는 다른 남성들과 서로의 음란한 자료를 주고받는 것임을 알게 되었다.

이 가족에게 필자는 매주 숙제를 내주었다. 주말에 가족이 함께 외식하고, 산책하고, 등산하는 것 등 매우 평범한 것이었다. 부모와 자녀는 숙제를 열심히 했다. 한 번은 상담 중간에 부모와 자녀가 함께 보드게임을 하는 시간을 가졌다. 필자는 스머프 사다리 게임, 할리갈리, 원숭이 게임, 우노, 알까기 등을 가족이 즐길 수 있도록 도왔다.

상담 시간이 다 되어서 게임을 마무리할 무렵 아버지가 한마디 하셨다.

"아이가 태어나고 지금까지 가족이 함께 이런 게임을 처음 해 봅니다. 처자식 먹여 살리는 책임 때문에 일밖에 몰랐어요. 자식과 가족에게 너무 미안하네요."

이렇게 말하면서 눈물을 흘렸다. 아버지가 그 말을 하시는데, 아내와 아들도 같이 눈물을 흘렸다.

상담 과정에서 아들의 행동이나 말투가 많이 밝아졌고, 부모와 아들은 일주일에 3~4번씩 한 번에 30분 이상 대화를 나누는 수준으로 관계가 개선되면서 상담을 종료하게 되었다.

마지막 상담에서 그간 상담에 참여한 소감을 물었는데, 가족 모두가 이구동성으로 말한 것이 있다. 상담 과정 중에 가족이 함께 보드게임하며 놀았던 그 한 시간 반이 부모와 자녀가 회복을 경험한 상담의 하이라이트였다는 것이다. 필자는 그 가족의 소감을 들으며 가족이 함께하는 놀이의 중요성을 절감했다.

필자에게 개인 상담을 의뢰했던 한 대기업 임원이 있었다. 그는 외국의 명문대학에서 박사학위를 받고 지금 다니는 회사에 스카우트된 엘리트였다. 그가 상담을 의뢰한 이유는 우울증 때문이었다. 회사에서 사람들과의 관계가 너무 힘들다고 했다. 인생에서 가장 후회되는 것이 어린 시절에 너무 공부만 한 것이라고 말했다. 어린 시절부터 좀 더 친구들과 어울려 놀았더라면 사람들을 잘 이해하고 자유롭게 커뮤니케이션할 수 있었을 것이라고 했다.

그의 부모님은 두 번 결혼하고 이혼하는 동안 그와 놀아줄 시간이 없었다. 그는 불안정한 어린 시절을 보내면서 공부에만 매달렸다. 학교에서는 공부만 잘했지 친구관계는 거의 없었다. 지금도 회사에서 친구가 거의 없고, 아내는 자녀들과 더 친하게 지내느라 자신과는 언젠가부터 거리감이 느껴져 우울하다고 말했다.

가족이나 친구와 관계가 원만하다면 행복하다. 하지만 아무리 돈을 잘 벌고, 명예가 있어도 가족과 소원하고 친구와 멀어진 사람은 행복하지 않다. 다른 사람과 잘 지내기 위해서 필요한 것은 '잘 노는 것'이다. 그렇다면 잘 놀기 위해서는 어떻게 해야 할까?

부모가 먼저 잘 쉬어야
아이가 잘 논다

부모가 최소한 일주일에 하루는 가족과 함께 시간을 보내며 쉬어야 아이는 부모와 함께 놀 수 있다. 그러기 위해서는 부모가 먼저 잘 쉬는 것의 중요성을 인식해야 한다. 잘 쉰다는 것은 허비되는 시간이 아니라 에너지를 '충전'하는 시간이다. 쉬지 않고 늘 팽팽한 긴장감 가운데 사는 것이 오히려 에너지를 서서히 '방전'시키는 것이다.

외경에 따르면 사도 요한은 기르던 참새와 놀기를 좋아했다고 한다.

하루는 사냥꾼이 찾아와 그토록 이름난 사람이 놀고 있는 모습을 보고 깜짝 놀랐다. 그는 그 시간에 틀림없이 무엇인가 유익하고 중요한 일을 할 것이라고 생각했던 것이다. 그래서 성인에게 물었다.

"어째서 시간을 놀이로 허비하십니까? 왜 그런 쓸모없는 참새와 시간을 보내십니까?"

요한은 놀란 눈으로 사냥꾼을 바라보았다. 놀이를 해서는 안 될 이유가 어디 있는가? 왜 저 사냥꾼은 깨닫지 못하는 걸까? 이윽고 사도 요한이 그에게 물었다.

"그대는 어찌해 활줄을 팽팽하게 죄어놓지 않는가?" 사냥꾼이 답했다

"활줄을 죄어놓기만 하면 활이 탄력을 잃어버려 화살을 쏠 수 없기 때문에 풀어놓는답니다."

그러자 사도 요한이 이 젊은 사냥꾼에게 말했다.

"벗이여. 그대가 활줄의 팽팽한 압력을 풀어놓듯이 그대 내면에서 일어나는 긴장감도 풀고 쉬어야 한다네. 만일 내가 이렇게 휴식을 취하지 않으면 힘이 없어 어떤 일도 할 수 없을 걸세. 심지어 내가 해야 할 일을 하거나 내게 필요한 주의력을 기울일 힘조차 없다네."

(『느낌 있는 이야기』 45쪽)

자녀와 놀아줄 시간은 마련했지만 어떻게 놀아줘야 할지 몰라 부담을 느끼는 부모가 적지 않다. 같이 TV를 볼까, 비디오 게임을 할까, 주말에 놀이동산에 가는 게 좋을까, 그냥 장난감을 사주고 놀게 하는 게 나을까 등등 고민이 많다. 놀이를 위해서 장난감을 구매하거나 아이를 키즈 카페나 놀이동산에 데려가지 않아도 아이가 가슴 뛰는 행복감을 경험하는 놀이는 얼마든지 할 수 있다.

놀이 전문가들에 따르면, 야외로 데리고 나가는 것만이 놀이가 아니다. 색연필이나 크레파스로 그림 그리기, 모래 만지고 물건 올려놓기, 손가락 인형 놀이, 비 오는 날 우비랑 장화신고 첨벙첨벙 걷기, 심지어 도서관에 가서 책을 읽어주면서 상상의 나래를 펼치는 것도 아이가 재미를 느낀다면 모두 '놀이'다.

집에서, 학교에서 아이가 하는 것들, 관심을 가지는 것들에 대해 반응하고 들어주면 된다. 그리고 아이가 하고 싶어 하는 놀이가 있으면 부모가 함께 참여하고 공감해주는 것만으로도 충분하다. 부모가 먼저 아이에게 놀아달라고 하는 것도 한 방법이다.

책 읽어 주기가 아이의
언어 능력과 상상력을 키운다

부모의 책 읽어주기가 아이의 언어 능력과 상상력을 키운다.
책에 대한 즐거운 기억은 아이가 평생 책을 좋아하게 해준다.

책 읽어 주기는 언어 능력과
상상력을 키운다

사람이 동물과 다르게 문명을 만들어내고 번영할 수 있었던 것은 언어 능력과 상상력 때문이다. 인간의 상상력은 언어 능력에서 비롯되는 것이므로, 결국 언어 능력이 인간을 다른 동물들과 달리 뛰어난 존재로 살 수 있게 해주는 가장 중요한 자원이라고 할 수 있다.

외국어를 배울 때 가장 좋은 방법은 그 언어에 많이 노출되는 것이라고 한다. 어려서 외국에 살다가 온 아이들이 문법이나 단어를 많이 몰라도 그 나라 언어를 유창하게 구사하는 것은 그 언어에 많이 노출된 경험이 있기 때문이다. 아이의 언어 능력이 발달할 수 있는 가장 좋은 방법도 바로 이것이다. 그런데 이러한 노출이 언어 발달에 무조건 좋을까?

아직 말도 제대로 하지 못하는 아이라면 TV나 컴퓨터를 통해서 언어를 무조건 많이 접한다고 해서 언어 발달에 도움이 되지 못한다. 아이가 언어를 배울 수 있는 유일한 통로는 사람이다. 아기 때는 사람(부모)을 통해서 언어를 배워야만 언어를 구사할 수 있는 체계를 갖출 수 있게 된다. 만약 아직 언어 체계가 형성되지 못한 아기가 사람이 아닌 TV나 유튜브 같은 미디어를 통해서 언어를 지속적으로 접하다 보면 아이는 이후에 언어 구사 능력을 상실하게 되는 '신종 자폐'에 걸릴 수도 있다.

아이의 언어 체계가 형성되었다고 해서 부모가 아이의 자유 시간 대부분을 컴퓨터나 스마트폰으로 유튜브를 볼 수 있게 해주는 경우가 많다. 그러면 아이는 좋아하는 만화 동영상이나 재미있는 캐릭터들이 노는 모습을 보며 즐거워한다. 이런 아이는 언어 체계는 형성해서 말은 할 수 있지만 고차원적인 언어 능력과 풍부한 상상력을 발달시키기는 어렵다.

연구에 따르면 아이들이 유튜브나 스마트폰을 볼 때 시각중추를 제외한 대부분의 뇌 영역의 활동이 정지된다고 한다. 이것은 마치 인적이 드문 마을의 어두컴컴한 저녁처럼 뇌의 활동이 정체되어 있는 것이다. 그렇다면 어떻게 해야 아이의 언어 능력과 상상력을 발전시키고 풍부하게 만들어줄 수 있을까?

부모가 자녀에게 책을 읽어주거나 자녀와 함께 책을 읽으며 대화하고 소통할 때 자녀의 언어 능력이 크게 향상된다. 이럴 때의 아이의 뇌는 화려하게 불이 켜진 도시의 저녁거리처럼 밝다. 따라서 아이들이 컴퓨터나 휴대전화보다 책을 즐겨 보도록 지도하고 격려해주는 것이 필요하다.

아이에게 언제부터 책을 읽어주어야 할까? 인간의 청각은 엄마 뱃속에 있는 임신 6개월 때부터 발달하므로 이때부터 아기에게 책을 읽어주는 것이 좋다.

남미영 한국독서교육개발원 원장은 엄마 뱃속에 있는 태아에게 책을 읽어줄 때 "아기가 아무 말도 못 알아듣는 것 같지만 엄마 아빠가 책 읽어주는 소리는 그 자체가 훌륭한 언어적 자극이 되기 때문에 아이의 두뇌 발달에 큰 도움이 된다"고 말한다. 아이가 스스로 책을 읽을 수 있는 5세 전후까지는 부모가 책을 읽어주는 것이 좋다.

전문가들에 따르면, 아이가 만 5세가 되기 전까지는 글을 배우거나 혼자 글을 읽는 것보다는 부모가 아이에게 책을 읽어주는 것이 좋다. 이 시기 아이들의 뇌 신경회로는 마치 가느다란 전선 같아서 아직 문자와 같은 '높은 전압'의 논리 체계를 받아들이기에는 버거울 수 있기 때문이다. 따라서 아이에게 글을 가르치는 것은 만 5세 이후가 좋다. 이때부터 문자를 받아들이기에 적합한 '전선 굵기'의 뇌 신경회로를 갖게 되기 때문이다.

책은 누가 읽어줘도 좋다. 엄마든 아빠든 할머니든, 육아에 참여하는 사람이면 누구나 괜찮다. 부모가 아이에게 책을 읽어주면 아이는 사람의 소리를 듣고 의미를 구별하는 능력이 발달할 뿐만 아니라 이후에 글을 읽는 능력과 상상력이 풍부해지며, 정서 기능과 대인관계 기능까지 함께 발달하게 된다.

호주 멜버른에 있는 '머독 아동연구소'의 발표에 따르면 엄마만 아이에게 책을 읽어줬을 때보다 아빠도 아이에게 책을 읽어주면 엄마만 읽어줬을 때보다 아이의 언어 능력이 더 발달한다고 한다.

책에 대한 즐거운 기억은
아이가 평생 책을 좋아하도록 해준다

부모가 아이에게 책을 읽어주면서 아이가 책을 좋아하도록 해주는 가장 좋은 방법은 아이가 책에 대해 즐거운 기억을 갖도록 해주는 것이다. 유대인들은 아이가 글을 처음 배울 때 글자 위에 꿀을 발라놓는다고 한다. 글자 위에 발라진 꿀을 먹으면서 글을 익히면 글자와 달콤한 꿀이 결합되어 글을 배우는 일은 달콤한 것이라는 기억을 갖게 되기 때문이다.

이처럼 부모가 아이에게 책을 읽어줄 때 부모의 부드러운 목소리와 다정한 눈빛, 편안한 가정 분위기 그리고 평소에 책을 읽는 부모의 모습이 어우러져 아이가 책에 대해 편안하고 즐거운 기억을 가지게 된다면 평생 동안 책을 좋아하는 마음을 가지게 될 것이다.

아직 글을 모르는 아이들이 그림책을 보면서 중얼거리는 모습을 가끔 볼 수 있는데, 아이들은 이때 자기만의 이야기를 만들어내고 있는 것이다. 이미지를 담당하는 아이의 우뇌를 통해서 그림책의 그림이 입력되면 논리와 언어를 담당하는 좌뇌에서 그림이 의미하는 것과 그림책에 쓰여 있는 글자에 대한 궁금증을 가지게 된다.

이때 아이는 부모에게 이런저런 질문을 하거나 책을 읽어달라고 요청할 수 있다. 그러면 부모는 아이의 질문에 아는 만큼 대답해주거나 "그래, 이 책에서 무슨 일이 벌어지고 있는지 한번 볼까?" 하면서 운을 떼어주자. 그리고 책을 읽어주기에 앞서 "너는 이 책에 무슨 이야기가 담겨 있는 것 같니?" 하고 질문하면서 아이의 상상력이 언어로 표현될 수 있도록 자극해보자.

부모가 아이에게 책을 읽어줄 때는 아이가 책에 등장하는 인물들의 감정이나 이야기의 전개 등을 아이 나름대로 소화하면서 따라오는지를 중간중간 아이 얼굴을 보고 확인하면서 속도를 조절하자.

아이는 부모가 책을 읽어줄 때 질문을 많이 한다. 부모가 아이의 질문에 하나하나 대답을 하다 보면 책 읽어주기의 흐름이 끊길 수도 있다. 따라서 아이가 책의 내용을 이해하는 데 꼭 필요한 질문이라면 답변해줘야겠지만 그렇지 않다면 "글쎄, 그건 아빠도 아직 잘 모르겠는데? 계속 읽다 보면 알 수 있을 거야"라고 말하면서 계속 읽어주자.

이때 부모가 주의할 점이 있다. 책을 읽는 시간이 아이에게 글자를 가르치는 수단 혹은 공부하는 시간이 되어서는 안 된다. 아직 글을 모르는 아이에게 글자를 하나하나 짚어가면서 책을 읽고 아이에게 따라해보라고 하면 아이는 책이 전해주는 이야기에 집중할 수 없다. 부모가 나중에 다른 책을 읽어줄 때도 "지난번에 가르쳐줬는데, 이거 무슨 글자야?" 하면서 시험을 보듯이 하면 아이는 부모가 책을 읽어주는 시간이 점점 불편하고 싫어질 수 있으니 주의해야 한다.

책을 읽어준 뒤에는 질문을 통해 이야기를 나누는 것이 좋다. 이때 중요한 것은 아이가 줄거리를 제대로 이해하고 있는지 확인하고, 흑백논리로 몰고 가는 질문이나, 답이 '예' 혹은 '아니오'로 나오는 닫힌 질문은 지양하고, 아이만의 자유로운 답이 나올 수 있는 '열린 질문'을 해보자.

예를 들어 왕자와 거지 이야기를 읽었다면 "왕자가 더 행복할까? 거지가 더 행복할까?"라는 질문보다는 "왕자는 왜 거지가 되

어 보고 싶었을까?"라는 질문이 아이의 상상력과 사고력 발달에
더 큰 도움이 된다.

미국 MIT와 하버드 대학교의 공동 연구에 따르면 4~6세 사이
에 부모와 자녀 사이에 대화를 이어간 횟수를 뜻하는 '대화형 전
환' 횟수가 아이의 언어 능력에 가장 큰 영향을 주는 것으로 확인
되었다.

아이와 상호작용하면서 책을 읽는 것은 그 자체로 대화다. 부모
와 아이의 책읽기는 대화와 연결되고, 아이의 언어와 상상력을 복
합적으로 발달시키는 시간이 된다.

책읽기를 통한 부모와 자녀 간의 소통은 아이가 자발적으로 놀
이에 몰입할 때처럼 안전하고 존중감을 느낄 수 있는 환경 속에
서 제공되어야 한다. 이러한 환경에서 아이는 자유롭게 질문하고,
생각하고, 상상력을 펼치면서 '자기답고(높은 자존감)' '함께 즐겁
게(사회성)' 성장한다.

인간이 동물과 다른 가장 큰 특징은 뇌의 가소성과 음성 언어를 사용하는 능력이다. 인간은 이러한 능력을 가지고 서로 소통하면서 문명을 발전시켜왔다. 인간이 소통하는 방식에는 '침묵' '폭력' 그리고 '대화'가 있다. '침묵'과 '폭력'은 적절하게 말하지 않거나 부적절하게 표현하기 때문에 인간 관계에 긴장과 스트레스를 불러온다.

　반면에 '대화'는 적절하게 주고받으면서 소통하기 때문에 평화와 만족을 가져다준다. '침묵'이나 '폭력'은 스트레스를 누적시키고, 쌓인 스트레스는 부적응 행동으로 나타난다. '침묵'과 '폭력'이 '대화'로 바뀌기 위해서는 '안전감'이 꼭 필요하다. 인간의 뇌는 '안전감'이 있어야만 대화가 가능하도록 디자인되었기 때문이다.

chapter 3

★

아이의 뇌는
스트레스에 많은
영향을 받는다

의사소통을 위한
최고의 기본은 안전감이다

인간의 3가지 의사소통 방식은 침묵, 폭력 그리고 대화다.
대화의 성(城)에 들어가려면 '안전감'의 다리를 건너야 한다.

인간의 의사소통 방식은
침묵, 폭력, 대화

2006년에 방영되어 큰 인기를 끌었던 드라마 〈궁〉에서 상궁이 왕자에게 이렇게 말했다.

"왕자님, 궁궐 생활의 9할(90%)은 언어 생활입니다."

여기서 '언어 생활'은 왕으로서의 품위와 격에 맞는 언어를 말한다. 언어의 품격이 곧 그 사람의 품격인 것이다. 이것을 결정하는 중요한 요인 중 하나는 아이가 지속적으로 노출되는 언어 환경이다.

아이가 평소에 자주 경험했던 언어 환경이 아이의 언어 표현을

좌우한다. 다음은 필자가 EBS 교육방송에서 보았던 장면 중의 일부다. 한 그룹의 아이들에게는 "미안해" "괜찮니?" "고마워" "좋아" 같은 공감의 언어를 들려주고, 다른 그룹의 아이들에게는 "야!" "짜증나게!" "열 받아" "신경질 나" 같은 분노의 언어를 들려주었다.

그 다음에 한 아이가 복도를 걸어갈 때 실험을 위해, 연기하는 아이가 뛰어가다가 이 아이의 어깨를 일부러 부딪친다. 이때 아이의 반응은 아이가 미리 들었던 말에 따라서 달랐다. 공감 언어에 노출되었던 아이는 부딪힌 아이에게 "괜찮니?" "미안해" 같은 반응을 보인 반면에, 분노의 언어에 노출되었던 아이들은 "야!" "열 받네" "짜증나게!" 같은 반응을 보였다.

이 실험을 통해서 볼 때 아이가 평소 가정에서 경험했던 언어가 학교생활에서 드러나고, 아이가 성장해서 부모가 되었을 때 자신이 어린 시절에 경험했던 언어를 다시 자녀에게 답습하는 것은 어쩌면 당연한 일이다.

그렇다면 아이들은 어떤 언어에 노출될까? 『핵심적인 소통 도구Crucial Conversations tools』라는 책에서 보면 사람은 침묵, 폭력, 대화라는 3가지 방식의 언어에 노출된다.

첫 번째는 '침묵'이다. '침묵'은 회피하기, 가만히 있기, 안 그런 척하기, 다른 사람에게 말하기 같은 것이다. 예를 들어 아이가 아빠가 무서워서 눈치를 보고 말을 못하는 것, 아이가 집에서는 별말이 없어서 몰랐는데 학교에서 왕따를 당하고 있었던 것, 아빠와

의사소통의 3가지 방식

침묵 안전감 대화 안전감 폭력

출처: Crucial Conversations Tools(2002)

엄마가 냉전기라 서로 말을 하지 않는 것, 아내가 남편에 대한 불만을 아내의 친구에게 뒷담화하는 것, 지친 표정으로 퇴근한 아빠가 방에 들어가서 아무 말도 하지 않는 것 등이 '침묵'이다.

둘째는 '폭력'이다. 폭력에는 언어 폭력과 신체 폭력이 있다. 언어 폭력은 비난하기, 막말하기, 욕하기, 반말로 이름 부르기, 소리 지르며 화내기 등이 있고, 신체 폭력은 몸이나 물건을 사용해서 상대를 때리고 공격하는 것이다. 예를 들어 엄마가 아이에게 소리를 지르며 화를 내는 것, 아빠가 엄마에게 욕을 하는 것, 아이가 학교에서 친구와 치고받으며 싸우는 것 등이다.

'침묵'과 '폭력'은 동전의 양면처럼 번갈아가면서 나타난다. 평소에는 하고 싶거나 해야 할 말을 잘 하지 못하고 참고 참다가(침묵), 더 이상 참을 수 없게 되면 욱하고 폭발(폭력)한다. 예를 들면 부모가 회사의 상사 앞에서는 불만을 말하지 못하다가(침묵) 집에서 배우자나 자녀의 작은 실수에 '클릭(click)' 되어서 터트리는 경우(폭력), 아이가 무서운 부모 앞에서는 말하지 못하다가(침묵) 어린이집이나 학교에서 자기보다 약한 아이에게 소리를 지르거나 때리는 경우(폭력)다.

세 번째는 대화다. 대화는 쌓인 스트레스를 풀고 인간관계를 원만하게 만들어주는 유일한 소통 방식이다. 대화는 두 사람 이상이 음성 언어나 비음성 언어를 주고받으면서 연결감과 유대감을 발전시키는 의사소통 방식이다.

필자가 전에 읽었던 대화 훈련 가이드북에서는 대화를, "서로 싸우거나 다투지 않고 세 문장 이상 주고받는 것"이라고 정의하기도 했다. 대화는 전지의 음극과 양극이 만나서 불이 켜지는 것처럼 환해지는 것이고, 시냇물이 막히지 않고 흘러 물고기들이 뛰어놀고 주변에 나무들이 잘 자라는 것처럼 생명이 넘치는 경험이다. 그런데 '침묵'과 '폭력'이라는 방식으로 의사소통을 하는 악순환에 빠져 대화를 하지 못하는 이유는 무엇일까? 안전감을 느끼지 못하기 때문이다.

대화하는 데 있어서
'안전감'은 필수다

앞의 의사소통의 3가지 방식에 관한 원 그림을 보면 대화는 가장 안쪽에 있는 원에 있다. 필자는 이 원을 '대화의 성(城)'이라 칭하겠다. 중세시대의 성을 떠올려보자. 성의 주변에는 물이 있다. 중세시대 성 주변에 수로를 파서 적이 들어갈 수 없게 만든 것을 떠올려보자. 이 성에 들어갈 수 있는 유일한 방법은 성에서 다리를 내려주는 것뿐이다. 마찬가지로 '대화의 성'에 들어가기 위해서는 다리를 건너야 한다. 이 다리의 이름은 '안전감'이다. 왜 '안전감'이라고 하는 다리를 건너야만 대화의 성에 들어갈 수 있을까?

예를 들어보자. 당신은 놀이동산에서 롤러코스터를 탄다. 그런데 고장이 났는지 안전벨트가 내려오지도 않았는데 롤러코스터가 움직이고 점점 가속도가 붙는다. 당신과 옆에 있는 사람들의 얼굴은 사색이 되고 곧 비명을 지르기 시작한다. 롤러코스트가 홀로코스트holocaust가 될 위기다. 흥분과 기대로 가득했던 순간이 무엇 때문에 공포와 경악의 도가니로 바뀌었는가? 안전벨트가 작동하지 않았기 때문이다. 안전감이 없으면 놀 수도 대화할 수도 없다. 왜 그럴까? 인간의 뇌가 그렇게 디자인되었기 때문이다.

인간의 뇌는 세 부위로 구성되어 있다. 생존을 관장하는 파충 뇌, 감정을 주관하는 포유 뇌, 그리고 생각과 판단, 언어를 가능하게 만드는 이성 뇌다. 이중 파충 뇌와 포유 뇌는 동물 뇌로 하위 뇌이고 이성 뇌는 상위 뇌다. 대화는 상위 뇌(이성 뇌)의 전두엽과 대뇌피질이 하위 뇌(동물 뇌)의 기능을 관장하고 조율할 때만 가능하다. 하지만 안전감이 없으면 동물 뇌인 하위 뇌는 생존과 안전이 확보될 때까지 '싸우든지 도망치든지' 반응에 주력하게 되는데, 이

때 상위 뇌는 제대로 기능을 하지 못하므로 대화가 어렵다.

무엇 때문에 안전감을 느끼지 못하고 '침묵'하거나 '폭력'을 행사하는 것일까? 비난하고 비교하며 욱하기 때문이다. 이런 태도의 배경에는 조건화된 가치가 있다. 조건화된 가치는 문명화된 세계에게 보편적으로 나타나는 현상이다. 이것은 시대나 사회 상황에 따라서 무엇이 좋고, 무엇이 나쁜지, 혹은 무엇이 우월하고, 무엇이 열등한지 조건화시킨 것이다.

예를 들어 키가 큰 사람은 우월하고, 키가 작은 사람은 열등하다. 명문대를 나온 사람은 우월하고 그렇지 못한 사람은 열등하다. 돈이 많으면 우월하고 그렇지 않으면 열등하다. 외모가 좋으면 우월하고 그렇지 않으면 열등하다 등이다. 조건화된 가치는 어린 시절부터 사회화 과정의 일환으로 학습된다.

미국의 한 어린이집에 2~3세의 백인, 흑인, 아시아인 아기들이 한데 모여 있다. 실험자는 아이들에게 백인, 흑인, 아시아인 인형을 다양하게 섞어서 놀 수 있도록 해주었다. 아기들은 인형의 인종을 구분하지 않고 선택해서 놀았다. 아이들은 인형의 인종에 대한 선입견이 없었기 때문이다. 그런데 같은 실험을 5세짜리 아이들에게 시행했을 때 아이들은 자신의 인종에 상관없이 백인 바비 인형만을 선택했다. 5세짜리 아이들은 백인이 더 우월하다는 조건화된 가치를 부모의 말이나 미디어 등을 통해서 학습했고, 그로 인해 인종에 대한 선입견이 생긴 것이다.

이러한 패턴은 우리나라의 남녀 불평등의 역사에서도 찾아볼 수 있다. "벙어리 3년, 귀머거리 3년" "암탉이 울면 집안이 망한다"는 말은 여성의 '침묵'을, "남자는 평생 3번 울어야 한다"는 말은 남성의 '침묵'을 압박하고, 다양한 생각과 감정을 표현하는 자유를 '사치'로 여기게 만들었다. 또한 "여자와 북어는 3일에 한 번씩 패야 한다"는 말은 남성의 어긋난 '폭력'을 정당화하고, 분노와 폭력은 남성다운 감정과 행동이라는 잘못된 인식을 심어주었다.

조건화된 가치가 불합리한 규칙이 되어서 가정을 힘들게 하는 경우도 적지 않다. 부모가 청소년 자녀에 대해 상담하고 싶다며 찾아온 적이 있다. 정작 자녀는 오지 않았는데, 자녀는 은둔형 외톨이로 지난 일 년간 방에서 두문불출했기 때문이다. 자녀는 일주일 중 6일은 방에 있고, 하루는 나가서 친구도 만나고, 놀기도 하지만 집에 있을 때는 아버지와 몇 마디 하는 것을 빼고는 엄마와는 말을 섞지 않았다. 부모는 아이가 이렇게 된 이유를 알 수 없다며 속상해하고 괴로워했다.

필자가 부모를 상담해보니 원인은 아내의 '불합리한 훈육'에 있었다. 아내는 자녀에게 '어른인 부모 말에 무조건 말대꾸해서는 안 된다'는 규칙을 만들어 시행했다. 아이는 이런 어머니의 강압을 어린 시절에는 어쩔 수 없이 따랐지만(침묵) 청소년이 된 지금은 스스로 방 밖으로 나오지 않는 '은둔형 외톨이'가 되어 엄마의 불합리한 규칙(폭력)에 침묵으로 반항하게 된 것이다.

아내의 부모님은 시골에서 농사를 짓던 농부셨다. 부모님이 자주 하신 말이 "어른이 말하면 들어야지. 어디 말대꾸를 해"라는 것이었다. 아내는 이런 부모님의 '불합리한 규칙'에 맞추면서 이른바 '착한 아이' '순종적인 아이'로 성장했다.

결혼을 한 후 자녀를 낳아 키우면서 자신이 경험했던 '불합리한 규칙'을 자녀에게 그대로 반복했다. "어른이 말하는데 어디 말대꾸야!" 이런 엄마의 훈육 방식에 자녀는 반항심이 커져갔고, 회사 일에 바빠서 자녀 훈육은 뒷전이었던 남편의 '방조'하에 아이는 점점 자기를 꽁꽁 방어하는 은둔형 외톨이가 되어갔다.

이처럼 우리나라에서는 유교사상을 바탕으로 한 조건화된 가치가 사회 저변에 퍼져 있다. 이는 비교하고 비난하며 욱하는 분노 폭발 문화를 확산시켰고, '침묵'과 '폭력'의 소통 방식으로 이어졌다. 안전감이 없는 '침묵'과 '폭력'은 대화가 아니다. 지속적인 '침묵'과 '폭력'은 스트레스를 누적시키고, 행복을 내쫓고 불행을 초대한다.

그렇다면 불합리하게 조건화된 가치를 뛰어넘어서 어떻게 대화할 수 있을까? 부모가 자녀에게 질문을 허용하고 안전하고 합리적으로 대화할 수 있는 열린 태도와 기술이 필요하다(이 부분에 대해서는 본서 5장과 7장을 참고하기 바란다).

부모의 긍정적인 상호작용이
아이의 뇌 발달에 가장 중요하다

아이의 뇌는 파충 뇌, 포유 뇌, 이성 뇌로 구성된다.
부모의 긍정적인 상호작용이 아이의 조화로운 뇌 발달에 큰 영향을 준다.

아이의 뇌를 구성하는 3가지는
파충 뇌, 포유 뇌, 이성 뇌

미국의 신경생리학자 맥린Paul Maclean 박사는 1970년대에 뇌가
3층 구조로 되어 있다는 주장을 발표했다. 그에 따르면, 인간의 뇌
는 뇌간에서 비롯되는 파충류의 뇌, 대뇌변연계를 포함하는 포유
류의 뇌, 대뇌피질과 전두엽이 있는 이성의 뇌 등 3개 분야로 구
성된다. 즉 뇌의 가장 아래에는 인간의 생명을 유지하는 파충류의
뇌(이하 파충 뇌)가 있고, 중간에는 감정 뇌로 알려진 포유류의 뇌
(이하 포유 뇌)가 있으며, 가장 위에는 이성과 언어 그리고 판단을

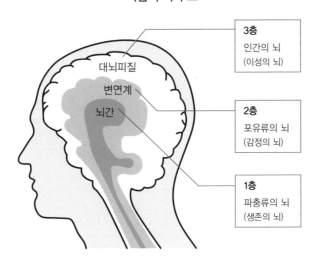

사람의 뇌 구조

3층
인간의 뇌
(이성의 뇌)

2층
포유류의 뇌
(감정의 뇌)

1층
파충류의 뇌
(생존의 뇌)

대뇌피질
변연계
뇌간

관장하는 이성의 뇌(이하 이성 뇌)가 있다.

아기는 태어날 때 파충 뇌와 포유 뇌(이하 이 둘을 합쳐서 하위 뇌로 부름)가 거의 완성된 상태지만 이성 뇌는 아이가 성장해서 20대 중반이 될 때까지 서서히 발달한다. 아이는 하위 뇌를 적절하게 조절해줄 상위 뇌가 아직 충분하게 발달하지 않은 생후부터 청소년 시기에 이르기까지 하위 뇌의 영향을 많이 받는다. 이 말은 아이들은 어쩔 수 없이 하위 뇌의 원시적인 충동과 감정 체계에 쉽게 영향을 받는다는 말이다. 그래서 툭하면 짜증을 내고 떼를 쓰며 소리를 지르고 바닥에서 구른다. 이것은 아이들이 일부러 그러는 것이 아니라 단지 아직은 상위 뇌가 미숙하기 때문이다.

이때 부모는 아이의 하위 뇌가 만들어내는 격한 감정과 원시적

116

인 충동을 조절할 수 있도록 도움을 주어야 한다. 그렇지 못하면 아이가 스트레스 상황을 효과적으로 처리할 수 있는 뇌의 회로가 제대로 발달하지 않아 자신의 감정을 알아차리거나 다른 사람의 감정에 공감하는 능력에 문제가 생길 수 있다. 아이의 3가지 뇌에 대해서 좀 더 자세히 알아보자.

가장 아랫부분에 있는 파충 뇌는 다른 파충류들과 유사한 화학 체계와 구조를 가졌기 때문에 지어진 이름이다. 이 뇌를 구성하는 뇌간은 생존에 꼭 필요한 기능들인 호흡, 체온 조절, 심장박동, 배고픔, 소화, 배변 등을 조절하거나 자극한다. 인간이 깨어 있든, 졸든, 꿈을 꾸든, 뇌간은 심장박동이나 호흡, 혈압의 작동과 조절에 계속적으로 관여하면서 생명유지 기능을 담당한다. 그래서 이러한 파충 뇌를 '생존의 뇌'라고 부르기도 한다.

중간에 위치한 포유 뇌는 다른 포유류들과 유사한 화학 체계와 구조를 가졌기 때문에 붙여진 이름이다. 변연계는 기억, 애착, 분노, 두려움, 사회적 유대와 관련된 강렬한 감정과 욕구를 활성화한다. 이러한 활동들은 상위 뇌인 이성 뇌로 다스리고 조율해야 할 때가 많다. 포유 뇌는 감정과 관련된 활동들이 많아서 '감정 뇌'라고 부르기도 한다.

포유 뇌를 구성하는 변연계에서 가장 핵심적인 기관은 해마와 편도체이다. 해마는 가까운 과거의 기억과 경험을 처리한다. 지난번에 가족과 방문한 베트남 음식점에서 처음 먹어보았던 메뉴의 이름이 기억나는 것은 해마 덕분이다. 해마에 저장되지 않은 강한 정서를 동반한 기억은 우리 몸과 편도체에 저장된다.

편도체의 주요 기능 중 하나는 우리가 경험하는 기쁨, 슬픔, 분노, 불쾌 같은 모든 감정의 의미를 해석하는 것이다. 특히 편도체는 공포와 두려움을 감지하는 핵심 중추로서 우리 뇌에서 가장 중요한 경보 체계의 역할을 한다. 만약 아이가 위험을 감지하거나, 뭔가 불안하고 무서운 생각이 들어서 안전감을 느끼지 못한다면 '편도체의 납치Amygdala hijack'라고 불리는 현상이 발생한 것이다.

이 현상은 불안과 두려움으로 크게 활성화된 편도체가 이성 뇌의 판단과 명령을 따르지 않고, 두려움과 불안만을 증폭시켜서 현실을 직시하는 일이 어려워지는 것이다. 이때는 상위 뇌에 있던 피가 파충 뇌의 뇌간으로 몰리기 때문에 상위 뇌에 있는 대뇌 피질의 고차원적인 뇌가 원활하게 작동하지 않고, 편도체 특유의 반응인 '싸우기 아니면 도망치기'의 반응을 통해서 뇌의 능력을 안전 확보에만 집중하도록 만든다.

자주 짜증을 내거나 욱하고 분노를 폭발하는 사람들은 스트레스 상황에서 상위 뇌가 하위 뇌를 조율하고 통제하기보다는 하위 뇌 중심의 동물적이고 충동적인 생존 본능이 나오게 되는 것이다. 이런 사람들의 특징은 어려서부터 스트레스가 많은 삶을 살았던 경우가 많다. 특히 부모와의 긍정적인 상호작용이 적은 가운데, 스트레스를 지속적으로 받다 보니 정서 조절에 관여하는 상위 뇌가 발달할 수 있는 기회를 충분히 갖지 못한 것이다.

3개의 뇌 중 맨 윗부분에 위치한 이성 뇌는 사람에게만 가장 발달한 영역이다. 이곳에 있는 대뇌피질과 전전두엽은 문제 해결, 추론과 반성, 자각, 친절, 창의성과 상상력 같은 기능을 한다. 대뇌피질은 가장 진보된 뇌 영역으로서 전체 뇌의 85%를 차지하며 포유류의 뇌와 파충류의 뇌를 감싸고 있다. 대뇌피질은 다른 포유류에게도 있지만 인간의 것이 훨씬 두껍다. 이 영역은 부모가 아이를 자상하고 세심하게 보살필 때 직접적이고 긍정적인 영향을 받아서 발달하는 부위다.

전두엽의 가장 앞부분에 위치한 전전두엽은 인간을 다른 동물들과 명확하게 구분하게 해주는 우리 뇌의 사령탑이다. 이 부위는 이성적 사고, 의사결정, 주의집중, 정서조절 같은 고차원적인 정신활동을 관장한다. 인간이 의식을 가지고 자신의 생각과 행동을 주관할 수 있는 것은 이 전전두엽의 역할 덕분이다.

아이가 기쁨, 즐거움, 도전의식을 가진 상태에서는 뇌간, 변연계, 대뇌피질에 혈액이 고루 공급될 뿐만 아니라 피질에서도 어떤 한 부위만이 아니라 여러 부위에 걸쳐 혈액이 공급된다. 이는 아이가 편안하고, 안정적인 정서를 경험할 때는 상위 뇌와 하위 뇌에 걸쳐서 골고루 혈액이 공급되면서 서로 조화로운 기능을 한다는 것을 알 수 있다. 즉 아이는 편안하고 안정적인 상태에서 뇌의 전 영역이 활성화되어 고루 발달하게 된다.

부모의 긍정적인 상호작용만큼
아이의 뇌 발달에 중요한 것도 없다

뇌의 많은 부분은 출생 이후에 발달하며, 부모가 양육하는 방식에 따라 아이 뇌의 상위 뇌와 하위 뇌가 상호작용하는 방식은 오랜 시간에 걸쳐 달라질 수 있다. 아이가 걷고 말을 시작하면서부터는 부모와 자녀 사이의 상호작용이 아이의 뇌 발달에 가장 큰 영향을 준다.

부모와 자녀 사이의 상호작용이 부정적인 아이들은 하위 뇌의 충동에 따라 아이가 본능적으로 행동하는 경우 이를 조절할 상위 뇌의 발달이 부진해 학습 집중력과 공감능력이 떨어지므로 학교생활에 어려움을 겪는다.

하지만 부모와 자녀 사이의 상호작용이 긍정적인 아이는 학령기가 되어 학교에 들어갈 때 상위 뇌와 하위 뇌가 조화롭게 발달해 자기감정 조절 능력과 대인관계 능력이 좋다. 긍정적인 부모와 자녀 사이의 상호작용을 위한 핵심은 부모가 먼저 자신의 상위 뇌를 사용해서 자녀의 하위 뇌가 일으킨 충동적이고 불안해하는 행동을 조절할 수 있도록 아이에게 차분하고 친절하게 행동하는 것이다.

즉 아이가 자신의 충동과 감정에 따라 떼를 쓰고 말썽을 피울 때 아이의 행동은 하위 뇌가 주도하고 있다는 사실에 주목하자. 이때 아이의 하위 뇌를 촉발시킨 스트레스 이면에 어떤 사연이 있는지 귀를 기울이자. 그리고 부모가 호흡을 조절하고 부모 자신의 상위 뇌를 작동시켜 차분하고 자상하게 대응하자.

이것은 부모가 아이의 상위 뇌와 하위 뇌가 서로 협력하고 조율하도록 돕는 것이다. 이런 도움을 자주 받은 아이는 자신의 흥분한 감정과 행동을 더 쉽게 누그러뜨리고 상황에 맞는 적절한 행동을 취하는 것에도 더 빨리 익숙해진다.

아이의 뇌에
스트레스가 미치는 영향

에너지인 스트레스는 에너지 법칙에 따라 작용한다.
적절하게 풀지 못한 스트레스가 쌓여서 악순환의 패턴이 반복된다.

에너지 법칙에 따라
스트레스가 작용한다

　사람은 모든 상황에서 스트레스를 받는다. 스트레스는 생존 조건이면서 삶의 한계이기도 하다. 물고기는 물이라는 '스트레스'가 있어야 살 수 있지만 물 밖으로 나가면 죽는다. 새와 비행기는 공기라는 '스트레스'가 있어야 날 수 있지만 날아가는 속도에는 한계가 있다.

　마찬가지로 사람이 태어나서 죽을 때까지 경험하는 다양한 스트레스는 인간의 생존 조건이면서도 삶의 한계가 된다.

예를 들어 인간의 육체는 삶을 가능하게 해주는 '도구'이지만 '생로병사'라는 치열한 스트레스의 격전지이기도 하다. 스트레스란 무엇인가?

스트레스는 에너지다. 에너지는 어디서 비롯되었는가? 우리가 살고 있는 우주는 '빅뱅'이라는 대폭발로 시작되었다. 우주에 존재하는 별과 빛, 먼지, 동물, 식물, 곤충 그리고 사람을 망라한 모든 것들은 '빅뱅'의 대폭발 이후에 생긴 물질로 구성된 에너지다. 그러므로 우주와 지구에 존재하는 모든 것들은 어떤 형태의 에너지라고 할 수 있다. 에너지인 스트레스는 에너지 법칙의 지배를 받는다.

첫 번째 에너지 제1법칙은 에너지 보존의 법칙이다. 이 법칙에 따르면 에너지인 스트레스는 적절하게 풀지 않으면 계속 쌓인다. 예를 들어 댐의 수문을 막아서 흐르는 강물을 막아 가두면 얼마 지나지 않아서 댐이 넘칠 만큼 물이 차오를 것이다. 이처럼 스트레스도 흘려 보내거나 풀지 않고 계속 가둬두고 쌓아두면 어느 순간에는 더 이상 가두거나 쌓아둘 수 없는 지경이 올 수 있다.

혹자는 "시간이 약이야. 시간이 지나면 다 풀리고 해결돼"라고 말하며, 시간이 지나면 스트레스가 저절로 풀린다고 주장한다. 이 말은 맞을 때도 있지만 그렇지 않을 때도 있다. 만약 이 말이 항상 맞는다면 우리는 일본에 위안부 문제에 대해 사과를 요구할 필요가 없다. 시간만 지나면 다 저절로 해결될 것이기 때문이다.

이처럼 스트레스가 누적된 경우 시간이 흐른다고 저절로 해결 되지 않는 경우가 적지 않다. 왜 그럴까? 제대로 풀거나 풀리지 않 았기 때문이다.

아이나 배우자가 지나간 일을 반복해서 말하는 경우가 있다. 이 때 당신은 "이제 그 얘기는 좀 그만 하자. 지나간 일은 잊고 앞의 것만 생각하며 살면 안 될까?"라는 식으로 말할 수 있다. 그렇지 만 얼마 지나지 않아 상대는 같은 말을 다시 반복한다. 이때는 상 대가 왜 지나간 이야기를 계속 반복하는지 생각해볼 필요가 있다. 시간은 흘렀지만 아직 해결되지 않았기 때문이다.

이럴 때는 말하는 사람이 풀릴 때까지 듣는 사람이 상대의 말을 경청하면서 끝까지 듣고, 반영하고, 공감하면서, 필요하면 진심어 린 사과를 통해 적극적으로 '쌓인 것'을 풀어야 한다.

두 번째인 에너지 제2법칙은 엔트로피 법칙이다. 이 법칙은 에 너지가 질서에서 무질서로 변하며, 위치는 높은 곳에서 낮은 곳으 로 흐르고, 온도는 뜨거운 곳에서 차가운 곳으로 이동한다는 법칙 이다. 이 법칙에 따르면 쌓인 채로 풀리지 않은 스트레스는 다른 곳으로 전환된다.

"종로에서 뺨 맞고 한강에서 눈 흘긴다"라는 속담이 이 법칙을 잘 설명해준다. 이는 욕을 먹은 자리에서는 아무 말도 하지 못 하 고 스트레스를 쌓아두고 있다가 다른 곳에 가서 불평하는 것을 비 유적으로 이르는 말이다. 이 속담의 유래를 잠시 살펴보자.

조선 초 종로에는 나라에서 허가를 받고 물건을 판매하는 상점인 시전이 있었고, 마포 같은 한강 나루터 부근에는 등록되지 않은 상점인 난전이 있었다. 당시 종로에 있던 시전은 궁궐에 물건을 판매할 정도로 상인들의 위세가 대단했다. 사람들이 종로에서 상인과 흥정을 벌이다가 뜻대로 되지 않아도 아무 말도 하지 못할 정도였다. 하지만 한강 나루터에 있는 난전 상인에게는 흥정을 할 때 큰소리도 치고 화도 냈다고 한다.

여기서 "종로에서 뺨 맞고 한강에서 눈 흘긴다"라는 말이 나오게 된 것이다. 즉 종로 시전 상인과 흥정할 때에는 아무 말도 못하다가 한강변 난전 상인과 흥정할 때는 큰소리를 치고 화도 냈다는 데에서 유래했다.

이 속담의 유래에서처럼 스트레스를 받았을 때 자신보다 힘이 강한 대상에게는 큰소리를 치거나 화를 내지 못하고, 자신보다 힘이 약하거나 '만만한' 상대에게 푸는 경우가 많다. 이것은 물이 높은 곳으로 역류하지 못하고, 늘 낮은 곳으로 흐르는 이치와 유사하다.

예를 들어 상사에게 받은 스트레스를 '참았던' 남편이(에너지 제1법칙) 집에 와 아내의 사소한 실수에 '화'를 폭발한다(에너지 제2법칙). 아내는 남편의 '욱'과 집안일에서 쌓인 스트레스를(에너지 제1법칙) 집안을 어지른 아이에게 크게 소리를 지르는 것으로 전가한다(에너지 제2법칙). 아이는 엄마에게 크게 꾸중을 듣고 울면서도 자신이 저지른 일에 비해 너무 심하게 혼났다는 느낌이 들어 억울하다(에너지 제1법칙). 아이는 울면서 강아지를 발로 차고, 꼬리를 세게 잡아당겨서 강아지가 깽깽거리며 울게 만든다(에너지 제2법칙).

분노조절 장애를 가진 사람들의 특징을 보면 자신보다 힘이 강하거나 권위가 있는 사람에게는 분노를 터뜨리지 못하고(에너지 제1법칙), 자신보다 약한 사람이나 대상에게 분노를 폭발하곤 한다(에너지 제2법칙).

왕따의 가해자는 가해자가 되기 전에 먼저 피해자였던 경우가 적지 않다. 자신이 피해자로 먼저 스트레스를 받고(에너지 제1법칙), 그것이 풀리지 않은 상태에서 자신보다 약해 보이는 상대를 대상으로 삼아 왕따를 시키며 쌓인 분을 전가하는 것이다(에너지 제2법칙).

부모가 자주 싸우는 경우, 아이는 많은 스트레스를 받고 불안한 마음으로 지낸다. 하지만 아이는 부모에게 자신의 마음을 솔직하게 표현하면 오히려 혼날까 봐 말도 못하고 끙끙 앓는다(에너지 제1법칙). 이런 가정 환경에서 살면서 아이에게 누적된 스트레스는 아이 몸의 약한 곳으로 이동하게 되고, 편두통이나 위장장애 같은 신체화 증상으로 나타난다(에너지 제2법칙).

적절하게 풀지 못한 스트레스가
악순환을 가져온다

스트레스에는 2가지 종류가 있는데, 유스트레스eustress와 디스트레스distress가 그것이다. 삶에 긍정적인 자극과 영향을 주는 스트레스를 '유스트레스'라고 한다. 맛있는 식사를 할 때, 재미있게 놀 때, 경치가 아름다운 곳을 여행할 때, 친구와 가족 간에 즐거운 대화를 나눌 때, 결혼을 앞두고 있을 때처럼 기분 좋은 긴장감이나 설렘, 우리가 '추억'이라고 말하는 기억도 보통 유스트레스다.

올해 100세를 맞은 김형석 연세대학교 명예교수가 출연한 TV 프로그램을 본 적이 있다. 그의 며느리가 김형석 교수의 아들인 남편에게 이런 말을 했다.

"아이들에게 친절하고 자상하게 대해줘서 고마워요."

아들이 대답했다.

"나는 부모님께 경험한 대로 하는 거야."

이렇게 부부가 말을 주고받을 때 내레이션이 흘렀다.

"김형석 교수는 학교에서는 제자를, 집에서는 자녀를 사랑했다는 평가를 받는다."

부모가 자녀에게 사랑의 본을 보인 유스트레스가 자손대의 삶을 행복하게 해주는 귀중한 유산으로 대물림된 것이다.

한 목사님의 장례식에서 유독 구슬프게 우는 아이가 있었다. 그는 목사님이 몇 년 전에 고아원에서 양자로 입양한 아이였다. 아이는 송사를 낭독하면서 이런 말을 했다.

"제가 고아원에 있을 때는 아무도 저를 간섭하거나 잘못했다며 때리는 사람이 없었습니다. 목사님이 저를 입양해준 뒤로 저는 잘못한 것 때문에 종종 허벅지를 회초리로 맞았습니다. 그렇게 맞을 때면 아파서 눈물이 나는 것이 아니라 고마워서 눈물이 났습니다. '나를 상관해주는 사람이 있구나. 나도 누군가의 관심을 받고 있구나' 하는 생각 때문이었습니다. 이제 누가 잘못했다며 저를 혼내주나요? 목사님이 너무 보고 싶어요."

입양된 아이는 물질적으로 넉넉하지 않은 어려운 환경에서 생활했지만 자신을 입양해준 목사님으로부터 진심 어린 관심을 경험했다. 또한 자신이 잘못할 때 회초리를 맞았지만 그것이 디 스트레스나 트라우마가 아니라 너무도 감사하고 그리운 유스트레스의 '추억'이 되었다. 아이가 목사님과 보낸 몇 년의 시간 동안 아이는 그분의 진실한 사랑의 마음을 경험했고, 그런 사랑 가운데 맞은 회초리는 트라우마가 아니라 사랑을 확인시켜주는 증거가 되었기 때문이다.

반면에 삶에 부정적인 영향을 미치는 자극이자 우리가 보통 "스트레스 받는다"고 말할 때의 스트레스가 디스트레스다. 일이 잘 풀리지 않을 때, 빌린 돈을 받지 못했을 때, 시험이 코앞으로 다가왔는데 준비가 안 되었을 때, 아이가 뜻대로 자라주지 않을 때, 배우자가 무시한다고 느낄 때 이 스트레스를 받는다. 고통스러운 기억으로 남은 디스트레스를 '트라우마'라고 하는데, 이는 각종 우울증이나 공황장애, 강박증의 원인이 되곤 한다.

유명한 정치인의 아들이 했던 말이 있다.

"학창시절에 가족과 같이 밥을 먹어 본 적이 한 번도 없었어요. 대학에 가서 데모를 했는데, 제가 유명인의 자녀라며 저를 지목해서 잡아가는 거예요. 부모님한테 받은 것도 없는데, 유명한 부모의 자식이라며 피해만 보는 것 같아서 억울했습니다. 부모님과 같은 나라에 산다는 게 정말 싫어요."

이 정치인의 아들은 물질적으로는 부족함이 없었지만 가족이 함께하는 따뜻한 밥 한 끼가 그리웠다. 성인이 된 아들은 부모와 의절하고 한국을 떠나 지금은 해외에서 살고 있다.

자녀는 부모라는 스트레스를 피할 수 없다. 부모가 자녀에게 유스트레스가 될지, 디스트레스가 될지는 부모와 자녀가 함께한 시간의 양과 질에 달려 있다.

부모가 먼저 자신의 스트레스를 관리하면서 여유를 가진다면 자녀와의 상호작용을 통해 생기는 스트레스에 더 잘 대처하고, 자녀와 양질의 시간을 보낼 가능성이 높아진다. 부모가 일상에서 쌓인 스트레스를 해소하는 데 도움이 될 만한 3가지 방법을 소개하고자 한다.

1. 운동한다

운동을 하면 스트레스를 해소하는 힘이 상승한다. 운동에는 유산소 운동과 근력 운동이 있다. 햇볕이 있는 날 야외에서 30분 이상 가볍게 걷거나 뛰는 유산소 운동을 하면 체내의 세로토닌과 도파민 분비량이 늘면서 스트레스 수치가 낮아지고 기분이 좋아진다.

근력 운동은 근육을 생성하는데, 이때 만들어진 근육은 몸의 지방을 연소시키면서 열을 낸다. 몸에서 나는 열은 면역 체계에 관여하는 임파구의 수를 활성화시켜 스트레스에 더 잘 대처할 수 있는 몸 상태를 만들어준다. 필자는 10여 년 전에 근력 운동과 면역력의 관계를 알게 되면서 헬스를 하고 있는데, 스트레스 감소에 분명 효과가 있다.

한편, 전문가에 따르면 산책이나 가볍게 뛰는 조깅 같은 유산소 운동은 매일 해도 되지만 근력 운동은 이틀에 한 번 정도가 적당하다고 한다. 매일 무리하게 근력 운동을 하면 오히려 근육이 제대로 생기지 않는다고 한다. 근력 운동을 하면 근섬유가 미세하게 손상되는데, 근섬유가 원활하게 재생되기 위해서는 하루 정도의 휴식이 필요하기 때문이다.

2. 걱정거리를 적는다

종이나 노트에 걱정거리나 솔직한 심정을 적는 방법이 도움이 될 때가 있다. 필자는 걱정이나 불안에 휩싸일 때 산책하면서 떠오르는 생각을 노트에 빠르게 적곤 한다. 그러면 막연하거나 복잡했던 생각이 정리되고 답답했던 마음이 풀리기도 한다.

또한 적은 것을 읽다 보면 그동안 고민했던 문제들을 좀 더 객관적인 입장에서 바라볼 수 있게 되면서 문제 해결의 실마리를 찾기도 한다. 혹자는 적은 걱정거리나 고민을 찢어서 버리는 것도 도움이 된다고 말한다.

3. 친구를 만난다

최고의 스트레스 해소 방법은 친구를 만나서 허심탄회하게 대화를 나누고 수다를 떠는 것이다. 누가 친구인가? 친구는 어떤 역할이나 목적 혹은 지위를 가지고 만나는 관계이기보다는 서로 평등한 인격체로 만나서 자신이 경험하는 생각, 감정, 관심사, 걱정 같은 것들을 진솔하고 꾸밈없이 나누며 대화할 수 있는 사람이다.

인생이라는 여정에서 각종 스트레스로 힘들 때 진실한 친구가 단 한 명만 있어도 큰 힘과 위로가 된다. 배우자가 당신의 친구라면 더할 나위 없이 좋다. 어떤 행복 학자는 'Good Life'는 'Good Wife'에서 온다고 말하기도 했다.

더불어 경청에 대해 전문적으로 훈련받은 상담사의 도움을 받아 복잡한 상황을 정리하고 스트레스를 푸는 방법도 추천한다.

적응하는 아이는 일치성 있고 자기답게 표현하고(자존감), 다른 사람과 의미 있고 즐거운 관계를 맺을 줄 안다(사회성). 부적응 행동을 하는 아이는 이 중에 한 가지 혹은 2가지가 모두 잘 안 된다. 아이가 부적응하는 이유는 뇌에 문제가 있든지 (예 : 자폐, 발달장애, 뇌 손상), 아니면 누적된 스트레스가 적절하게 해소되지 못했기 때문이다.

  뇌의 문제가 아니라면 아이들이 부적응 행동을 하는 이유는 스트레스 때문이다. 아이가 스트레스를 받는 주요 요인은 부모의 양육 태도나 안전하지 못한 소통 방식에서 찾을 수 있다. 부적응하는 아이의 마음을 풀고 적응할 수 있도록 돕기 위해서는 부모가 진심 어린 마음으로 자녀와 적절하게 소통하려는 노력이 필요하다.

chapter 4

아이의 부적응에는
반드시
사연이 있다

아이의 부적응에는
반드시 이유가 있다

아이가 부적응하는 이유는 뇌 문제 아니면 스트레스 때문이다.
적절한 방식으로 자기 욕구가 채워질 수 없다고 판단할 때 부적응한다.

뇌의 문제가 아니면 스트레스가
부적응의 주된 이유다

옥상에서 2년째 내려오지 않는 개가 있었다. 주인은 최근에 다리 부상을 입어서 옥상까지 올라가서 개에게 밥을 주고 주변을 청소해주기가 어려웠다. 개가 옥상에서 내려와서 생활해야 주인도 편하기 때문에 주인은 개를 옥상에서 내려오게 하려고 노력해보았지만 허사였다. 주인은 자신의 노력으로는 안 되겠다 싶어서 사방팔방 도움을 구하던 중 유명한 개 행동 교정 전문가의 도움을 받게 되었다.

개에 관한 사연을 들은 전문가의 분석은 이랬다. 이 개는 옥상에서 태어난 이래로 한 번도 옥상을 떠난 적이 없었다. 자신과 같이 태어난 형제 개들은 모두 입양되었고, 엄마 개마저 옥상에 올라온 다람쥐를 쫓다가 옥상에서 떨어져 죽었다. 개에게는 옥상을 떠나면 형제 개들이나 엄마 개처럼 다시는 돌아오지 못한다는 공포가 있었다. 그래서 주인이 아무리 잡아당기거나 안아서 데리고 내려오려고 해도 불가능했던 것이다.

전문가는 문제 해결을 위해서 먼저 어미의 체취가 남은 이불을 가져오게 했다. 어미의 체취는 그 개에게 가장 따뜻했던 기억과 연결되어 있다. 개가 그 이불의 냄새를 맡으면서 조금씩 계단을 내려올 수 있게 도왔다. 전문가는 개를 끌어당기거나 밀지 않고, 최대한 존중하는 자세를 취하면서 시간적인 여유를 가지고 천천히 움직였다. 이런 방식을 몇 번이고 반복했다. 마침내 몇 주 후 이 개는 전문가의 도움 없이도 계단 아래로 내려와서 생활할 수 있게 되었다.

이처럼 개가 부적응하는 데에는 사연이 있고, 보통 그 사연은 개의 뇌에 문제가 있거나 개가 받았던 스트레스가 적절하게 풀리지 않았기 때문이다. 아이가 부적응하는 이유도 마찬가지다. 아이의 뇌에 문제가 있기 때문이거나, 아이가 받은 스트레스가 적절하게 해소되지 못했기 때문이다(혹은 둘 다).

뇌에 문제가 있는 경우는 뇌에 손상을 입는 사고를 당했거나 발달장애 혹은 자폐인 경우다. 이 경우 보통 언어 능력이나 사회성 혹은 2가지 기능 모두에 문제가 생겨서 적응이 어렵다. 뇌의 문제가 아니라면 아이가 부적응하는 원인은 모두 스트레스 때문이다. 아이가 스트레스를 받는 주요한 이유는 애정결핍이나 안전하지 못한 환경(예: 부모의 불화, 부모의 일관성이 부족한 훈육이나 폭력)인 경우가 대부분이다. 아이가 부적응하는 경우 그 스트레스의 원인을 살펴보자.

욕구가 채워지지 않을 때
아이는 부적응한다

사례 1

물건을 훔치는 아이의 이면에는 결핍과 불안이라는 스트레스가 있다. 아이가 어린이집에서나 친구 집에서 물건을 가져온 연령이 만 5세 이하라면 훔친다는 개념 없이 실수로 혹은 그냥 가져왔을 수 있다. 하지만 만 5세 이상의 아이가 다른 곳에서 물건을 가져왔다면 그 원인은 관심이나 애정 같은 욕구의 결핍이거나 스트레스를 받아 불안한 마음을 진정시키기 위한 일종의 '진통제'가 필요했기 때문이다.

서진이 부모는 맞벌이를 하기 때문에 서진이는 낮에는 어린이

집에 있다가 저녁에 부모가 퇴근하면서 함께 집으로 돌아온다. 서진이가 유치원에서 장난감을 가져갔다고 선생님의 전화를 받았을 때 엄마는 회사를 조퇴하고 아이와 시간을 보냈다. 이런 일이 세 번이나 반복되자 엄마는 서진이에게 화를 내면서 경찰서로 가자고 했다. 아이는 놀라고 무서워서 경기를 하며 뒤로 넘어졌다. 엄마는 아이가 잘못될까 봐 걱정이 되었고, 아이의 '훔치는' 행동을 개선시키기 위해 부모와 아이가 함께 상담센터를 찾아왔다.

첫 상담에서 상담사가 서진이에게 먼저 물었다.

"내일 아침 기적이 일어난다면 어떤 일이 생기면 좋겠니?"

서진이가 대답했다.

"복권에 당첨되는 거요."

"얼마짜리?"

"20억이요."

"그 돈이 생기면 뭐하고 싶니?"

"그 돈이 생기면 엄마 아빠가 회사 안 나가도 돼요."

서진이의 대답은 아이가 그간 결핍된 것이 무엇이었는지를 말해주었다. 서진이의 대답을 들은 부모는 놀라면서도 이제 서진이의 마음을 조금은 이해할 수 있다는 표정이었다.

서진이가 처음 어린이집에서 물건을 가져온 것은 우연이었을 수 있다. 친구들과 장난감을 가지고 놀다가 너무 재미있어서 그냥 주머니에 넣고 집에 왔을 수도 있다. 그런데 장난감을 가지고 온

날, 평소에는 낮에 볼 수 없던 엄마를 만나서 시간을 보내는 경험을 하게 되었다. 서진이가 두 번째 그리고 세 번째 어린이집에서 장난감을 가지고 온 것은 우연이 아니다. 서진이에게는 어린이집에서 몰래 가지고 오는 장난감이 낮 시간에도 엄마를 만날 수 있게 해주는 '티켓'이었던 것이다.

이 사례의 경우 엄마가 남편과 협의하에 회사를 휴직하기로 결정했다. 이 결정이 아이의 문제를 해결하는 정답이라고 말할 수는 없다. 여건에 맞게 부부가 협의해서 내리는 결정이 최선일 것이다. 다만 아이의 잘못된 행동에 대해서는 '안 돼'라고 말해주는 것과 함께, 부모가 아이의 결핍을 채워주려는 노력이 문제를 해결하는 핵심인 것만은 기억하자.

사례 2

만 5세 이후 아이가 거짓말을 하는 데에는 2가지 이유가 있다. 첫 번째는 관심을 받기 위해서다. 이 시기 아이는 거짓말이 잘못된 것인 줄 알면서도 자신을 드러내서 다른 사람의 관심을 받고 싶은 욕구 때문에 거짓말을 한다. 친구나 형제 사이에서 자신이 괜찮은 사람이라는 것을 인정받기 위해 자신의 소망을 마치 현실인 듯 이야기하곤 한다. 아이가 이렇게 거짓말을 하는 이면에는 아이가 부모와 어울릴 시간이 적거나 지루하게 혼자 노는 경우 타인의 관심을 끌기 위해서다.

두 번째 이유는 부모에게 사실대로 말했다가는 크게 야단을 맞을 것 같기 때문이다. 아이는 어른들이 생각하는 것보다 야단맞는 것을 훨씬 무서워한다. 잘못을 했으면 혼이 나더라도 참아야 한다는 것은 순전히 야단치는 어른만의 생각일 수 있다. 아이는 자신을 지키기 위해서 그 상황을 피하는 것이 절박하다. 물론 혼날 일을 하지 않았다면 좋았겠지만 그렇지 않을 때는 그저 혼나는 상황을 피하려고 둘러대거나 거짓말을 하는 것이다. 따라서 아이들이 거짓말을 하지 않고 바르게 말해도 부모가 심하게 혼내지 않는 분위기가 필요하다.

한편 만 5세 이하 유아는 거짓말이 아닌 거짓말을 한다. 만 3~5세 아이들은 발달상 흑백논리를 가지고 있는 데다 자기중심적인 상상력이 풍부한 시기여서 자신이 바라는 것을 강하게 표현하게 되는데, 이것이 거짓말로 보일 수 있다. 부모가 "물 누가 엎질렀어?"라고 물었을 때 "엄마가"나 "인형이"라고 천연덕스럽게 대답하는 아이에게 왜 거짓말을 했냐며 따져 물을 수는 없다. 이것은 엄밀히 말해서 거짓말이 아니기 때문이다.

따라서 거짓말하는 아이를 야단만 칠 것이 아니라 먼저 그 아이가 거짓말하는 연령을 고려하자. 5세가 넘은 아이의 거짓말이라면 그 이면의 사연, 즉 거짓말을 해서라도 관심을 받고 싶을 만큼 외로웠던 것은 아닌지, 솔직하게 말했을 때 부모가 받아주지 않고 야단을 쳐서 무서웠던 것은 아닌지 먼저 점검해보자.

사례 3

공격적인 아이는 스스로의 욕구를 언어로 표현하는 것이 어려운 것이다. 아이들은 종종 말로 표현하기 어려운 스트레스와 고통스러운 감정을 느끼고 긴장을 발산하기 위해 소리를 지르거나 말썽을 부리고 공격적인 행동을 보인다. 아이가 비명을 지르는 것은 이런 스트레스를 완화하기 위한 한 가지 방법이다. 부모들은 이것이 아이 나름의 스트레스 해소법이자 도움을 청하는 외침인 줄을 모르고 야단을 친다.

아이가 공격적인 언행을 보일 때 부모가 선택할 수 있는 반응에는 2가지가 있다. '공격적Aggressive'이 되거나 단호하게Assertive 대처하는 것이다. 공격적으로 대처하는 부모는 자신의 감정을 조절하지 못하고 욱하고 화를 내거나 아이의 존재 또는 인격을 비난하고 나무란다. 이런 부모의 반응에 아이는 방어적이 되고 공격적인 언행을 보이는 것이다.

반면에 단호하게 대처하는 것은 아이의 행동에 화가 나지만 부모가 침착성을 유지하면서 차분하고 분명하게 아이의 잘못된 행동을 지적하면서 "안 돼"라고 말하는 것이다. 이때 아이를 감정적으로 혼내지 말고, 아이의 잘못된 행동에 대해서만 '안 돼'라며 지적하자. 이렇게 부모 자신의 감정을 조절하면서 단호하게 대처하면 아이도 자신의 행동을 이전보다 더 잘 통제하고 조절할 수 있게 된다.

아이가 소리를 지르거나 공격적인 행동을 하는 다른 이유는 아이가 차분하게 말했을 때는 부모가 들어주지 않았기 때문이다. 엄마에게 막말을 하는 청소년이 있었다. 필자가 아이를 일대일로 만나서 사연을 들어보았다. 아이는 엄마가 자신에게 묻지 않고 자신의 방을 치워서 처음에는 "엄마, 제 방은 제가 알아서 치울게요"라며, 피아노 건반의 '미'나 '파' 정도의 음으로 말했다고 한다.

엄마도 자신의 말을 듣고 "알겠다"고 약속했다. 하지만 엄마가 약속을 번번이 지키지 않자 점점 '파솔라'로 목소리 톤이 높아지다가 나중에는 한 옥타브를 넘어서 음 이탈(막말)을 하기 시작했다. 엄마는 그제서야 아이의 말을 들었다. 그때부터 아이는 엄마에게 자신의 말을 전달할 때 '막말'을 사용하게 되었다고 했다.

이처럼 소리를 지르거나 공격적인 행동을 하는 아이 중에는 처음에는 부모에게 차분하게 말했으나 부모가 자신의 말을 경청하지 않고 무시하는 경험을 지속적으로 했기 때문인 경우가 적지 않다. 아이가 갑자기 소리를 지르거나 물건을 집어 던지는 등의 과격한 행동을 한다면 평소에 부모가 아이가 하는 말을 흘려듣거나 무시하지는 않았는지 곰곰이 생각해보자.

사례 4

고집이 센 아이는 부모로부터 존중받는 느낌을 받으면서 즐겁게 놀아본 경험이 부족하다. 아이의 고집은 생존을 위한 방어기제다. 고집은 아이의 주도성 시기(3~5세)에 받은 마음의 상처에 대한 보호전략이다. 부모가 아이의 주도성을 존중해주지 않을 때 아이는 '자기다움'에 대한 상처와 결핍을 갖게 되고, 더 이상 상처입지 않으려고 고집이라는 '갑옷(방어기제)'을 입는 것이다.

　따라서 아이가 고집이 센 경우는 아이가 주도적으로 무엇을 하려는 행동을 부모가 지속적인 설득과 강압적인 태도로 무시한 것은 아니었는지 생각해보자. 이런 경우 아이의 행동이 아이 자신이나 타인에게 위험하거나 피해를 주는 것이 아니라면 아이가 원하는 행동을 해볼 수 있도록 허용해주자. 더불어 아이가 부모와 즐거운 시간을 가질 수 있도록 배려한다면 아이는 점점 고집이라는 '갑옷'이 필요없어질 것이다.

인정과 사과가 부적응하는 아이의
마음을 푸는 열쇠다

부적응 정도가 심한 아이에게는 풀리지 않은 '핵심 사건'이 있다.
사과는 과거를 풀고, 용서는 미래를 연다.

부적응 정도가 심한 아이에게는
풀리지 않은 '핵심 사건'이 있다

4세 여자아이가 엄마 앞에서 똥을 싼 기저귀를 집어던지고, 퇴근한 아빠의 뺨을 때리는가 하면, 자고 있는 아빠의 얼굴에 소변을 본다. 아이를 데리고 상담센터를 찾은 부모는 지극히 평범하고 합리적인 사람들이었다. 무엇이 아이에게 스트레스가 되어 아이가 이런 행동을 하는지 도무지 찾기가 어려울 정도였다.

부모는 필자에게 에피소드를 하나 들려주었다. 한번은 부모의 친인척이 돌아가셔서 부모가 아이와 함께 장례식장에 갔다고 한다. 장례식을 마치고 식당에서 아이는 젓가락으로 눈을 가리고 있었다. 아이가 젓가락으로 눈을 가리며 보기 싫어했던 것은 장례식장에 찾아온 수많은 남자들, 일명 '아저씨들'이었다. 아이는 왜 아저씨들을 보지 않으려고 젓가락으로 눈을 가렸을까?

부모와 아이는 아파트 고층에 산다. 아이는 한창 뛰어놀 나이다. 낮이고 밤이고 자주 집에서 뛴다. 그러다 보니 층간 소음 문제가 발생했다. 아이가 뛸 때 몇 번 아래층에서 올라와 주의를 주곤 했다. 부모는 아이가 "뛰지 말라"는 말을 듣지 않자 "너 또 뛰면 아래층에서 아저씨가 올라와서 혼내준댔어"라고 말했다. 이 말을 들은 아이는 뛰는 행동이 많이 개선되었다. 하지만 이때부터 아이가 엄마에게 똥 기저귀를 던지고, 아빠의 뺨을 때리는 행동이 시작되었다. 그 이유는 무엇일까?

아이는 평소에 자신에게 그렇게 잘해주던 부모가 아래층에서 올라온다는 그 '아저씨'로부터 자신을 지켜주지 않을 수도 있다는 생각에 충격을 받은 것이다. 아이에게 부모는 더 이상 안심하고 믿고 기댈 수 있는 사람들이 아니었다. 아이는 불안했고, 부모에 대한 항의의 표시로 똥 기저귀를 던지고 아빠의 뺨을 때린 것이다.

필자는 부모에게 아이가 그런 부적응 행동을 한 이유에 대해 설명해준 다음, 아이에게 진실을 말하고 사과하라고 제안했다. 부모는 필자의 제안에 따라 진실을 말하고 아이에게 사과했다. 즉 아래층에서 아저씨가 올라온다는 말은 거짓말이었고(그동안 아래층에서 올라온 사람은 아주머니였다), 만약 올라온다고 해도 그 아저씨가 아이를 혼내도록 부모가 내버려두지 않을 것이라고 말했다.

한 주 뒤 가족이 다시 상담센터를 찾았다. 엄마가 말했다.

"아이가 이제 제 앞에서는 부적절한 행동을 하지 않는데, 남편에게 뺨을 때리는 행동은 달라지질 않았어요. 왜 그럴까요?"

이 말을 듣고 필자가 남편에게 물었다.

"아이에게 진심으로 사과하셨나요?"

남편이 대답했다.

"진심은 아니고… 그냥 사과했죠."

필자가 말했다.

"아이들은 부모의 사과가 말뿐인지 진심인지 다 압니다."

남편은 그날 집에 가서 아이에게 눈물을 글썽이며 진심으로 사과했고, 아이는 더 이상 아빠의 뺨을 때리거나 소변을 보는 부적응 행동을 하지 않았다.

수년 뒤 아이의 부모로부터 연락이 왔다. 아이가 초등학교 2학년이 되었는데, 학교 생활에 적응을 아주 잘한다는 것이었다. 글짓기에서 상을 받고, 선생님들의 칭찬을 많이 받는다고 했다. 만약 그때 부모가 진실을 밝히고 진심으로 사과하지 않았다면 어떻게 되었을까? 아이는 부모의 사랑을 오해하며 지금도 또 다른 부적응 행동을 이어가고 있을지 모른다.

중학교 3학년인 남자아이가 부모와 함께 상담센터를 찾아왔다.

아이는 우울증과 만성 무기력증을 앓고 있었다. 최근에는 다리에서 뛰어내리는 자살시도를 했다가 경찰에 의해 구조되었다. 손목을 칼로 여러 번 긋기도 했는데, 죽으려 한 것보다 피를 보면 불안하고 답답했던 기분이 빠르게 좋아지기 때문이라고 했다.

아이가 부모와 함께 있는 것을 불편해서 개인상담을 통해 아이의 이야기를 먼저 들어보았다. 아이의 우울과 불안은 초등학교 5학년 때부터 시작되었다. 4학년 말에 60~70만 원 하는 최신형 드론을 사고 싶어서 돈을 모았는데, 그 사실을 알게 된 아빠가 자신을 '집요하게' 설득해서 그 돈으로 자전거를 사게 했다. 아빠의 설득 이유는 드론이 초등학생인 자신이 구입하기에는 너무 비싸고 금방 실증이 날 것이기 때문에 15만 원 정도 하는 실용적인 자전거를 사고 남는 돈은 저축하게끔 한 것이다.

아들은 아빠의 설득에 따라 자전거를 샀지만 그 뒤로 무기력증에 빠졌다. 아무것도 하고 싶은 것이 없게 되었다. 한번 꺾인 열정은 다시 살아나지 않았다. 몇 년 뒤 아빠에게 용기를 내서 자신은 그때 드론이 꼭 사고 싶었는데, 아빠의 지속적인 설득에 밀려 자전거를 산 것이 너무 싫었다고 말했다. 아들은 아빠에게 사과를 받고 싶었던 것이다.

하지만 이때도 아빠는 "그래도 아빠 말대로 했으니까 네가 지금까지도 탈 수 있는 자전거를 가지고 있는 게 아니냐. 만약 그때 드론을 샀더라면 네가 지금까지 그걸 멀쩡하게 간수할 수 있었겠어?" 하면서 아빠 자신의 선택이 옳았다는 것을 다시금 강조했다. 아들은 이날 아빠의 말을 들은 이후 자신의 '추락하는 방황'이 시작되었다고 말했다.

그런데 이 사건 하나만으로 아이의 방황이 이어진 것은 아니었다. 부모는 아이가 어려서부터 가족이 함께하는 시간이 부족했고, 대화가 거의 없었다. 주로 부모가 자녀에게 '통보'하는 소통 방식이 쭉 이어져 왔다고 말했다. 즉 부모 중 한 명이나 부모 모두 결정한 사항을 아이에게 일방적으로 통보했고, 아이가 그것을 따르지 않으면 아빠든 엄마든 아이를 설득해 부모의 뜻을 관철시켰다.

엄마는 그간의 부족했던 소통과 일방적인 훈육 스타일을 반성하는 마음으로 아이에게 진심으로 사과했고 아이는 이를 받아들였다. 한편 아빠는 아이가 초등학교 때 자신이 아이를 설득해서 자전거를 사게 한 것은 적절한 것이었고, 만약 그때부터 아이의 문제가 시작되었다면 그것은 아이의 문제지 자신의 문제가 아니라고 말했다.

또한 자신은 아들을 사랑해서 가장 좋은 것을 주려고 노력했으며, 아들과의 소통 방식에도 문제가 없다고 말했다. 아들을 설득해서 자전거를 사게 한 것은 아들을 위해 한 일이고, 그일 이후에 아이가 문제행동을 보이는 것은 순전히 아이가 가진 문제 때문이라고 했다. 필자에게도 아들을 사랑하는 아버지의 마음이 느껴졌다.

문제는 아버지가 아들에게 사랑을 전달하는 방법이었다. 아버지에게 '넘치는 사랑'이 있어도, 아들을 설득하고 강요하는 방식으로 '들이붓는 식'이라면 아이는 불쾌하고 숨이 막혀서 죽고 싶을 것이다. 그것은 아이에게 필요한 사랑이 아니었다. 아이에게 필요한 것은 아빠가 자신만의 세계와 경험을 인정하고 사과해주는 것이었다.

하지만 아빠 자신이 잘못했다는 생각이 없는데, 자칫 아이의 변화를 위해서 '연기'하듯 아들에게 사과하면 오히려 역효과가 날 것이 우려되었다. 그래서 상담사가 아빠에게 제시한 것은 아이의 경험을 '인정'만 하는 것이었고, 아빠는 이를 받아들였다.

상담실에서 아빠와 아들이 서로 마주앉았다. 아이가 아빠의 얼굴을 마주보려 하지 않았기 때문에 서로 거리를 두었다. 아빠가 아이에게 말했다.

> 아빠 : 형준아, 네가 초등학교 때 드론을 사고 싶었는데 아빠가 설득해서 자전거를 산 게 너한테 스트레스가 컸다는 말을 들었다(반영). 아빠가 생각해보니 네 입장에서는 그게 스트레스가 되었을 것 같다. 네가 모처럼 하고 싶은 게 생겨서 용돈을 모아서 사려고 했는데, 아빠가 설득해서 결국은 못 사게 되니까 네가 맥이 빠지고 실망했을 것 같다(인정). 맞니?"
>
> 아들 : 맞아요.

아빠가 이렇게 아이의 입장에서 생각하고 '인정'해주자 아이의 화색이 바뀌었다. 아이에게 소감을 물어보니 아빠가 자신의 입장에서 인정해주시니 마음속에 맺혀 있던 '억울함' 같은 것이 해소되어 시원한 느낌이었다고 말했다. 이렇게 아이의 입장에서 인정해주는 것이 인지적 공감이다.

부모 중에는 자녀에게 쉽게, 건성으로 사과하기 때문에 오히려 문제가 해결되지 않고 만성화되는 경우가 있다. 성의 없는 사과보다는 설령 사과를 하지 않더라도 아이의 말을 잘 듣고, 아이의 입장에서 알아주는 인지적 공감부터 시작해보자. 분명 아이의 마음이 풀리고 문제가 해결되는 효과가 있을 것이다.

사과는 과거를 풀고,
용서는 미래를 연다

"사과는 과거를 풀고, 용서는 미래를 연다"는 말은 필자가 다니는 교회에서 매년 크리스마스가 되면 진행하는 행사의 표어이다. 한 해 동안 미안했던 사람을 찾아가서 사과를 선물하면서 사과하고, 용서가 필요한 사람을 용서하자는 취지다. 사과와 용서는 분명 어려운 일이지만 그것을 실천했을 때는 결과에 상관없이 좋은 효과가 있다. 최소한 사과하고 용서하는 과정에서 내가 변하기 때문이다.

　아들이 공부를 잘하는 것은 흐뭇했지만 대인관계를 잘하지 못하는 것을 안타깝게 여겨서 상담센터를 찾은 부모가 있었다. 중학생 아들의 성적은 학교에서 최상위권이었지만 아들의 정서는 매우 불안정했고, 최근 검사한 심리평가에서 우울증이 심하다는 결과를 받았다. 아들은 공부는 잘했지만 다른 친구들 앞에서 발표를 하거나 함께 팀으로 수행해야 하는 과제에 대해서는 극도의 불안감을 호소하며 참여를 거부했다.

　먼저 아들을 일대일로 상담한 결과 아들에게 핵심적인 '트라우마'가 있다는 것을 알 수 있었다. 아들이 초등학교 때 부모님 돈 10만 원을 훔쳤다가 아빠에게 들켰다. 아빠는 크게 화를 내며 엄마와 누나가 보는 앞에서 "다시는 돈을 훔치지 못하게 하겠다"며 칼을 들고 아들의 손을 자르는 시늉을 했다. 이것은 아들과 가족 모두에게 큰 충격과 상처가 되었다. 하지만 아빠는 그날 이후 그 사건을 잊고 지냈다.

　상담 과정에서 아빠는 자신의 과거 행동이 아들과 그때 그 장면을 목격한 딸과 아내 모두에게 충격이었다는 것을 인정하고 모두에게 사과했다. 특히 당사자인 아들과는 일대일로 대화하는 시간을 가졌다.

> 아빠 : 승수야, 너 초등학교 때 네가 돈 훔쳤을 때 아빠가 칼로 네 손목을
>   자른다고 위협했던 거 큰 충격이었지? 맞니?
> 아들 : 네, 맞아요.
> 아빠 : 그래, 아빠가 한번 네 입장에서 생각해보니까 네가 돈 10만 원을 훔
>   친 건 잘못이지만 아무리 그래도 아비가 자식 손목을 자르겠다고 칼
>   로 위협했으니 네가 무섭고 충격을 받아서 말문이 막혔을 것 같다.
>   맞니?
> 아들 : 네, 맞아요. 아빠.
> 아빠 : 아빠가 잘못했다. 미안하다. 아빠 사과 받아줄 수 있니?
> 아들 : 네.
> 아빠 : 그래, 고맙다.

이날 아들은 모처럼 화색이 돌아온 얼굴로 자신은 이제 좀 풀렸
으니 부모님이 덜 싸우면 좋겠다는 말로 상담을 마무리했다.

사과는 영어로 Sorry다. 이 단어의 어원은 Sore로 '아픔' 혹은
'상처'라는 단어에서 왔다. 즉 사과는 상대와 나의 아픔과 상처를
인정하고 어루만지는 것이다. 그러니까 부모가 진심으로 자녀의
마음을 인정하고 사과하는 것은 아이의 마음을 치료하는 아주 좋
은 연고를 발라주는 것과 같다.

부모의 특별한 관심이
필요한 아이도 있다

부모와 자녀의 인격적 상호작용이 부족할 때 ADHD가 찾아온다.
스트레스가 높은 집안 분위기가 아이의 틱과 우울증으로 이어진다.

ADHD 아이를
키운다는 것은?

ADHDAttention Deficit Hyperactivity Disorder는 주의력 결핍 과잉행동
장애다. ADHD 아이는 한 가지 과제에 집중하지 못하고, 누군가
가 말을 할 때도 이를 주의 깊게 듣지 못하며, 다른 사람들의 대
화 중에 불쑥불쑥 끼어들거나 수업 중 선생님의 말이 끝나기도 전
에 생각나는 대로 말을 갑자기 툭툭 던지는 행동을 보일 수 있다.

다음은 아동 ADHD 척도 질문이다. 15점이 넘을 경우 아동
ADHD 가능성이 있다.

*전혀 0점, 가끔 1점, 자주 2점, 항상 3점

- ☐ 안절부절못하거나 앉아 있더라도 꼼지락거리는 때가 많다.
- ☐ 오랫동안 한자리에 앉아 있지 못한다.
- ☐ 오랫동안 집중하지 못한다.
- ☐ 자기 차례가 돌아오기 전까지 기다리지 못하는 경우가 많다.
- ☐ 지시대로 행동하지 못하는 경우가 많다.
- ☐ 질문을 다 듣지 않고 성급하게 대답하는 경우가 많다.
- ☐ 하고 있던 일에 끝까지 주의를 집중하지 못할 때가 많다.
- ☐ 하고 있던 놀이(일)를 끝내지 않은 채 곧장 다른 놀이(일)를 시작한다.
- ☐ 조용하게 놀지 못한다.
- ☐ 지나치게 말을 많이 할 때가 많다.
- ☐ 다른 사람들의 대화나 행동에 끼어들거나 방해하는 경우가 많다.
- ☐ 한 귀로 듣고 한 귀로 흘려버리는 것 같을 때가 많다.
- ☐ 중요한 물건이나 지참물을 잃어버리는 경우가 많다.
- ☐ 결과를 생각해보지 않고 위험한 행동을 하는 경우가 많다.

부모와 교사가 함께 체크해 둘 다 15점이 넘을 경우 상담 필요

출처: 세브란스 어린이병원

아이들이 주의 집중력에 문제가 생기는 이유는 부모와의 인격적인 상호작용의 부족 때문이다. 연구에 따르면 주의가 산만한 아이들은 부모가 맞벌이를 하는 경우가 많았다. 부모가 맞벌이를 하는 것 자체가 문제가 아니라 부모가 퇴근한 뒤에 아이와 상호작용할 때 아이가 실망하고 욕구 불만에 빠지는 것이 문제다.

피곤한 엄마는 티나게 아이를 귀찮아하고, 아빠는 TV를 보거나

자신의 방에서 게임을 하고 있다. 아이의 스트레스는 높아져 가고 쉽게 짜증을 내며 떼를 쓰고 울고불고 할 것이다. 이것은 아이가 도와달라며 SOS를 치는 것인데, 부모는 아이의 신호를 파악하지 못하고, 혹은 신호의 의미를 알면서도 아무런 반응도 하지 않는다. 이때 아이는 더 크게 SOS를 치다가 절망하고 어느 시점에서부터 ADHD라는 뇌의 변화가 온다.

ADHD가 시작된 아이에게 부모는 어떻게 해야 하는가? 아이가 ADHD를 가진 것으로 의심되면 소아정신과나 상담센터를 찾아가보자. 먼저 심리 검사와 부모 면담, 아이의 행동 관찰 등을 통해서 정확한 진단이 필요하다. 그 뒤에는 아이의 연령에 따라 행동을 진정시켜주는 약물 사용이 필요할 수 있다. 약물에 관한 것은 소아정신과 의사와 충분히 협의하자.

가정에서 부모가 아이를 돕는 방법은 아이가 에너지를 생산적이고 긍정적인 방식으로 발산할 수 있는 활동을 찾아주는 것이다. ADHD를 가진 아이에게는 요리, 그림 그리기 같은 활동이 도움이 된다. 이런 활동을 할 때는 아이의 긍정적인 면들을 찾아내서 자주 구체적으로 칭찬해주는 것이 좋다. 특히 운동을 하는 것이 도움이 되는데, 단체운동보다는 수영, 자전거타기, 태권도 같은 개인 스포츠가 낫다. 특히 태권도는 규칙이 엄격하고, 일정한 구령에 맞추어 몸을 움직이기 때문에 아이가 자기 행동을 통제할 수 있는 능력을 배울 수 있다.

여기에는 몇 가지 지켜야 할 지침이 있다. 먼저 차도에 갑자기 뛰어들거나 다른 아이를 괴롭히는 것처럼 자신이나 다른 사람에게 위협이 될 수 있는 행동을 하지 않는다는 지침을 주고 아이가 약속을 지키겠다는 다짐을 받는다. 아이가 약속을 잘 지키면 칭찬해주고, 약속을 어기거나 심한 행동을 할 때에는 부모가 먼저 감정을 조절하면서 차분하고 단호하게 문제행동에 대해 "안 돼"라고 제지하면서 바꿔나가야 한다.

ADHD 아이들은 대개 생활이 불규칙한 경우가 많은데, 아이의 일상이 규칙적인 생활이 되도록 하는 것이 중요하다. 특히 정해진 시간에 자고 일어날 필요가 있다. 일정한 시간에 자고 일어나는 습관을 갖게 함으로써 하루의 생활이 규칙적으로 이루어질 수 있도록 하는 것이다. 아이에게 지침을 줄 때에는, 말로 하기보다는 노트나 메모 등을 이용해서 일목요연하게 정리해주는 것이 좋다. 이를 가지고 다닐 수 있도록 해주면 더욱 좋다. ADHD 아이는 청각적 정보는 금방 잊어버리는 경향이 있기 때문이다.

특히 자연체험 놀이같이 다양한 환경을 경험하게 하는 것이 좋다. 자연을 접하고 경험하는 것은 ADHD 아이의 뇌가 차분해지는 데 큰 도움이 된다. 또한 아이의 과잉, 산만한 행동에 부모가 차분하고 친절하게 반응하려고 노력하면 아이는 존중받는 기분을 받으면서 상위 뇌와 하위 뇌가 더욱 활발하게 조율하게 된다. 이 때문에 ADHD의 충동적이고 과잉된 행동을 더 잘 통제할 수 있게 된다.

스트레스가 높을수록
틱과 우울증으로 이어진다

'틱'이라는 말은 야생마를 길들이는 과정에서 말이 강렬하게 몸부림치고 발길질하는 것을 'tic'이라고 하는 데서 유래했다. 틱 문제를 가진 아이는 갑작스럽고 빠르게 그리고 반복적인 근육의 움직임을 보이거나 소리를 낸다.

틱 증상은 학령기 아동의 약 15%가 일시적으로 보이다가 자연스럽게 사라지지만 연령이 증가함에 따라 더 다양해지고 심해지기도 하며 성인기까지 지속되기도 한다.

틱 장애는 '운동 틱'과 '음성 틱'으로 나뉜다. 이것은 단순형과 복합형으로 구분되기도 한다. 단순운동 틱은 눈 깜박임, 얼굴 찡그리기, 코 씰룩하기 등이 대부분이며, 목을 경련하듯 갑자기 움직이거나 어깨를 들썩거리고 입을 삐죽 내미는 행동도 단순운동 틱에 포함된다.

단순음성 틱은 휘파람 불기, 헛기침 하기, 코 훌쩍거리기, 킁킁거리기, 침 뱉는 소리 등과 함께 '아, 우, 우' '아-우' 등과 같은 음성을 내는 것이 포함된다.

복합운동 틱은 찡그리는 듯한 표정 짓기, 자신을 치는 행동, 반향행동, 다른 사람이나 물건을 반복적으로 만지기, 발 구르기, 물건 냄새 맡기 등과 같은 행동이 해당된다. '입 닥쳐' '그만' '그래,

좋아' '어때' 등 사회적 맥락이나 상황에 맞지 않는 단어나 구절을 반복하거나 욕설, 동어 반복 등의 행동을 보이면 복합음성 틱에 해당된다.

틱 장애는 아이에게 쌓인 스트레스가 신체화된 증상으로 나타나는 것이다. 연구에 따르면 틱은 아이의 억압된 분노가 신체적 채널을 통해 표출되는 것으로, 아이의 부모(특히 주 양육자)가 아이들을 과잉 통제하는 경향이 높을 때 나타난다. 틱 증상을 보이는 아이를 보면 지속적인 가족 내의 스트레스에 노출되어 있다. 필자의 상담 경험을 통해서 보면 틱 증상을 보이는 아이는 부모가 양육 방식의 차이나 부부간의 문제로 자주 다투고 아이를 강압적으로 훈육하는 경우가 대부분이었다.

운동 틱이나 음성 틱 중에 한 가지만을 증상으로 보이는 경우, 틱 장애는 가정이 안정화되는 과정에서 특별히 치료를 받지 않아도 좋아지는 경우가 많다. 여기서 안정된 환경은 부부간 싸움이 줄어들고, 부모가 자녀 양육에 대해 서로 협의하고 일관성 있게 훈육을 하는 환경을 말한다.

한편 운동 틱과 음성 틱을 모두 경험하는 뚜렛장애의 경우 청소년기로 갈수록 증상이 나빠지는 경우가 많고, 친구들이 아이의 증상에 대한 이해가 부족해 놀리거나 왕따를 시켜 아이가 정신적으로 위축되고 우울해질 가능성이 높다. 이런 경우에는 초기부터 전문적인 치료가 필요하다.

아이의 우울증은 눈에 띄지 않게 진행되는 장애이다. 특히 요즘 아이들은 어려서부터 다양한 과외 활동과 경쟁으로 많은 스트레스를 받는다. 아동 우울증의 중요한 원인은 아이에게 수치심이나 충격을 일으킨 '트라우마' 경험이다. 아이가 '트라우마' 경험을 속으로만 끙끙 앓고 적절하게 표현할 기회를 얻지 못하기 때문에 우울증이 생긴다.

아동의 우울증은 성인 우울증과 다르다. 성인 우울증은 고립, 슬픔과 애통함을 주로 호소하며 겉으로도 우울해 보이는 반면, 우울증을 가진 아이는 산만, 초조, 불안, 분노와 짜증을 내는 모습을 자주 보여서 겉으로 볼 때는 쉽게 우울증으로 판단하기 어렵다.

하지만 아동과 성인의 우울증의 뿌리는 같다. 우울은 영어로 depression이다. 이는 '~로부터'를 뜻하는 접두사 de와 '누르다'를 뜻하는 동사 press 그리고 ~임을 뜻하는 '명사형 종결어미' -ion이 합쳐진 단어다. 이 뜻을 합하면, 우울증은 '눌린 상태'를 의미한다. 즉 우울증은 아동과 성인 모두 쌓인 스트레스를 적절하게 풀지 못하고 계속 쌓아두기 때문에 생기는 마음의 질환이다.

이 단어의 반대는 '표현'이다. 영어로는 expression으로, 앞의 접두사 ex는 '밖으로'를 의미한다. 즉 표현하지 못하고 눌린 상태인 '우울'의 반대는 '표현하는 것'이다. 어떻게 하면 아이가 적절하게 자신을 표현할 수 있게 도울 수 있을까?

5세 이하의 아이는 자기 안의 생각이나 감정을 말로 표현하는 것을 어려워한다. 대신에 그림을 그리거나 함께 놀이를 하면서 표현하는 것을 더 쉽게 생각한다. 아이들과 함께 그림을 그리고 장난감을 가지고 놀면서 아이에게 놀이의 경험과 그림의 의미를 물어봐주는 것이 아이들에게 자연스럽고 솔직한 표현의 기회를 줄 수 있다.

아이와 놀면서 자연스럽게 질문하고 반영하며 공감해주는 방법도 있다. 부모의 불화로 우울 증상을 보이는 4세 여자아이가 있었다. 엄마가 아이와 모래놀이를 한다. 아이가 혼자 편하게 놀이에 집중할 때쯤 엄마가 아이에게 완성되지 않은 문장을 건넨다.

엄마 : 지은아, 엄마는?

아이 : 울어.

엄마 : 지은이 아빠는?

아이 : 소리 질러.

엄마 : 그럼 지은이가 놀랐겠네(공감).

아이 : 아빠가 엄마 미워해.

엄마 : 아빠가 엄마 미워해(반영). 그럼 지은이 마음이 아프겠다(공감).

아이의 말을 그대로 반복하는 반영은 아이에게 '네가 말하는 것을 잘 듣고 있어, 솔직하게 말해도 돼'라며 아이의 표현을 허용해주는 것과 함께 '네가 표현하는 것을 비판하거나 평가하지 않고, 잘 들어줄게'라는 메시지를 전달한다.

아이의 입장을 상상하면서 아이의 심정을 한 단어로 읽어주며 공감해주는 것은 아이만이 경험하고 있는 세계에 부모가 정중하게 방문해서 아이의 손을 붙잡아주는 것이다.

이때 아이는 부모와 연결감을 느끼면서 편안해진다. 이런 과정이 반복되면서 아이는 점점 우울 증상에서 벗어날 수 있다.

훈육은 아이가 '자기답고(자존감)', '함께 즐겁게(사회성)' 성장할 수 있도록 부모가 코칭하는 것이다. 훈육은 아이가 가진 5가지 자유(존재, 생각, 감정, 감각, 행동)를 인정하는 것에서부터 시작되어야 한다. 아이가 가진 자유는 안전선(신체의 안전, 감정의 존중 그리고 부모의 합리적인 판단) 안에서 누릴 수 있도록 코칭한다.

　타임아웃은 부모와 자녀의 유대감을 바탕으로 아이가 스스로 행동을 조절할 수 있는 기회를 제공하는 것이다. 부모의 과제는 자녀의 양육 방식을 부모가 서로 협의하고 조율해서 부모가 한 목소리로 자녀를 키우는 것이다. 아이의 자존감은 가치감과 자신감으로 구성된다. 부모의 무조건적 사랑이 아이의 가치감을 높인다면, 부모의 칭찬과 격려는 아이의 자신감뿐만 아니라 자기 조절 능력을 높인다.

아이의
행복한 적응력을
키우는 훈육법

훈육은 아이가 가진 자유를 존중하면서 코칭하는 것이다

부모가 아이의 자유를 인정하고 존중하면,
아이가 '자기답고' '함께 즐거운' 사람으로 성장하는 기반이 된다.

훈육은 아이에게 존중하는 태도로
기본을 코칭하는 것이다

코치는 선수에게 기본을 알려주고 실행할 수 있도록 돕는 사람이
다. 운동 코치는 운동을 전혀 할 줄 모르는 초보자에게 기초 운동
을 가르쳐준다. 그런데 초보자에게만 코치가 필요한 것이 아니다.
타이거 우즈나 김연아 선수 같은 세계적인 선수도 코치에게 지도
를 받는다. 이미 세계적인 기량을 가진 선수에게 왜 코치가 필요
할까?

　아무리 기량이 뛰어난 선수라도 기본에서 벗어나 자신만의 방

식을 고집하면 잘못된 자세가 굳어져서 결국 슬럼프를 겪을 수밖에 없다. 그러므로 코치는 초보에게는 기본을 가르치고, 프로에게는 다시 기본으로 돌아갈 수 있도록(back to basics) 도와주는 사람이다.

부모가 자녀를 훈육하는 것은 자녀에게 코치가 되는 것이다. 이제 막 인생을 시작하는 '초보자' 아이에게 삶의 기본을 알려주고, 아이가 성장하면서 자기 마음대로 하려고 할 때에도 삶의 기본으로 돌아갈 수 있도록 도와주는 것이 부모의 역할이다.

무엇이 삶의 기본인가? '적절한 안전선 안에서 자녀가 마음껏 자유를 누리는 것'이다(적절한 안전선에 관해서는 다음 장에서 다룬다). 이때 부모는 자녀를 존중하는 태도로 코칭해야 한다. 부모의 존중하는 태도는 자녀의 '자기다움(자존감)'과 '함께 즐거움(사회성)'의 문을 여는 가장 확실한 열쇠다.

존중은 영어로 respect다. 이는 '다시'를 뜻하는 접두사인 re와 '보다'는 의미를 갖는 spect가 결합된 말로서 아이의 관점에서 다시 본다는 의미다. 즉 부모의 존중하는 태도는 아이가 자신만의 경험과 관점을 가질 수 있는 존재인 것을 인정하는 데서부터 시작된다. 엄마와 초등학생 자녀가 나누는 다음 대화를 들어보자. 여행을 가기 전의 대화다.

엄마 : 방학 때 제주도 여행 좀 가자.

아이 : 싫어요.

엄마 : 왜 싫은데?

아이 : 저는 더워서 나가기 싫고, 애초에 여행도 안 좋아하니까요. 차라리 아빠랑 둘이서 다녀오시는 게 어때요?

엄마 : 엄마가 제주도여행 가는 이유가 너 때문에 가는 건데 어떻게 그러냐? 그냥 엄마가 말하면 좀 "네" 하고 가면 안 되니?

아이 : 아니, 가기 싫은데 굳이 돈 낭비하면서 가야 돼요? 제 마음이 가기 싫은데 가봤자 좋은 기억도 없을 거고. 그냥 돈 낭비인데 안 가면 안 돼요?

엄마 : 넌 왜 항상 여행 가자고 하면 안 가니? 그럼 너 하는 거 다 하지 마. 자식이면 좀 "네 네" 하고 해봐.

아이 : 아, 그냥 따라갈게요. 제 돈 아니니까.

엄마 : 넌 엄마한테 말버릇이 그게 뭐니?

아이 : 원하는 대로 가겠다고요. 제가 엄마 개도 아니고 뭐하라 하면 무조건 "네 네" 하고 들어야 돼요? 제 의견은 없어요? 가기 싫으면 가봤자 손해니까 가지 말자는 건데, 제 말은 듣지 않으면서 엄마 말은 다 들으라는 건 내로남불 아니에요?

엄마 : 아, 그럼 그냥 다 하지 마. 네 밥도 네가 해먹고 빨래, 학교도 다 네가 알아서 해.

아이 : 아, 그냥 말 안 할게요. 알아서 해요.

여행을 다녀와서도 날선 대화가 오간다.

엄마 : 여행 갔다 오니까 그래도 좋지 않았니?

아이 : 별로요.

엄마 : 다음에도 가자고 하면 가자.

아이 : 아, 네. (더 말하면 귀찮아서 그냥 끝내려고 "네"라고 함.)

이 대화에서의 문제점은 무엇일까? 엄마가 자신의 입장만을 고수하면서 아이를 설득하고 밀어붙이고 있다. 이 엄마는 아이의 말을 듣거나 아이의 입장에서 생각해보려는 노력을 하지 않고 있다. 자신의 입장을 인정하고 존중하지 않는 부모에게 자녀가 보이는 반응은, 체념(침묵)이거나 반항(폭력)뿐이다. 엄마가 아이에게 이렇게 말했다면 어땠을까?

엄마 : 너는 더운데 나가기 싫고 여행도 별로 안 좋아하니까 아빠랑 둘이
     다녀오라는 말이구나(반영). 네 입장에서는 여행을 가기 싫을 수도
     있겠다. 더위도 그렇고 여행도 별로고 해서… 맞니?(공감)
아들 : 네, 엄마.
엄마 : 그럼 어떻게 하면 좋겠니?(질문) 엄마 너랑 꼭 같이 가고 싶은데(제안).
아들 : 그럼 이번엔 두 분이 다녀오시고, 겨울에는 덥지 않으니까 같이 갈
     게요(제안).
엄마 : 그래, 그럼 이번엔 아쉽지만 엄마랑 아빠랑 다녀오고, 겨울에는 같
     이 가는 거다!
아들 : 네(조율).

물론 엄마의 대화 시도가 이렇게 잘된다는 보장은 없다. 하지만 엄마가 이렇게 하려고 노력을 했다면 최소한 아들은 존중받는 느낌을 받을 수 있었을 것이다.

어릴 때 외국으로 입양된 한국인이 있었다. 5세 때 그가 혼자 장난감을 가지고 놀고 있는데, 미국인 엄마가 갑자기 그에게 오더니

"너 우리가 입양했어"라고 말했다. 자신은 그때 입양된 사실에 대한 충격보다 엄마가 자신이 집중해서 놀고 있는 순간을 갑자기 방해한 것에 더 화가 났었다고 했다.

그는 엄마가 자신에게 먼저 "릭(가명), 엄마가 할 말이 있는데, 해도 될까?"라고 물어보고, 자신이 "네, 엄마" 하고 대답하는 것을 들은 후에 그 말을 했다면 지금처럼 그때만 생각하면 불편하고 화가 나지는 않았을 것이라고 말했다. 엄마가 자신의 입장은 생각하지 않고 엄마의 감정만 앞세워서 자신에게 통보하듯 불쑥 말을 던지니 그것이 평생 상처가 되어 트라우마가 된 것이다.

이처럼 부모가 자녀의 입장을 묻지 않고 부모의 생각대로 짐작하거나 일방적으로 밀고 나갈 때 자녀는 무시당했다고 느끼게 된다. 자존감이 낮아져서 나중에는 자기 자신의 삶도 존중하지 않고, 무책임하게 살 수 있다. 하지만 부모가 아이의 입장을 고려해서 물어보고, 아이의 대답에 따라서 제안하고 조율하면 아이는 존중받는 느낌을 받으며 자존감이 높은 아이로 성장할 수 있다. 그렇다면 부모는 아이의 무엇을 존중해야 하는가?

아이의 자유를 존중해주는 것이
훈육의 기본이다

아이는 생명 에너지로 가득한 존재다. 아이가 가진 생명 에너지는 존재, 생각, 감정, 감각, 행동 같은 5가지 영역으로 흘러간다. 아이가 가진 이 5가지 영역에서의 자유를 인정하고 존중해주는 것이 '아이답고' '함께 즐거운' 성장을 촉진하는 훈육의 기본이다. 만약 아이가 가진 이 자유를 인정하지 않고 무시하면 아이는 낮은 자존감을 가지고 부적응하는 행동을 보일 수 있다.

첫째, 존재의 자유다. 아이는 자신의 타고난 모습 그대로 사랑받고 살아갈 자유가 있다. "너만 아니었으면 네 아버지 같은 사람하고 벌써 이혼했지." "왜 너 같은 게 태어나서 내가 이 고생을 해야 하니?" 이런 말을 듣고 자라는 아이는 자신의 존재에 대해 수치스럽게 느낀다.

반면에 "사랑하는 우리 아기!" "엄마 아빠는 너를 있는 모습 그대로 사랑해" "네가 잘하든 못하든 네가 우리 자식이어서 사랑해"라고 말하며, 아이의 존재를 있는 모습 그대로 인정하고 기뻐하면 아이는 자신의 존재를 가치 있게 여기게 된다.

둘째, 생각의 자유다. 생각하는 능력은 인간을 다른 존재와 구별하게 하는 특별한 능력 중 하나다. 아이가 어떤 생각을 말할 때 부모가 번번이 "왜 그런 생각을 하니?" "그런 생각을 하면 못써?"라고 말한다. 이때 아이는 자신의 생각을 인정받지 못하고 무시당한다고 느낄 수 있다. 그러면 아이는 생각하고 그것을 표현하는 일을 점점 어렵게 느껴서 주눅이 들거나 생각을 부적절한 행동으로 표현할 수 있다.

설령 아이의 생각이 바르지 못해도 일단은 아이의 생각을 듣고, "그렇게 생각하는구나" "그렇게 생각할 수 있지" "어떻게 그런 생각을 하게 됐니?" 등 인정해주는 반응을 해주자. 그러면 아이는 자신의 생각과 경험을 더 자유롭고 풍성하게 표현하게 되고, 그를 통해 부모는 아이의 입장에서 이해하게 될 것이다.

셋째, 감정의 자유다. 아이가 경험하는 감정에 좋고 나쁨은 없다. 감정은 내가 선택해서 경험하는 것이 아니다. "슬퍼하지 마라" "외로워하지 마라" "기뻐하지 마라" "화낼 필요 없다"라는 식으로 감정을 무시하거나 억압하면 마음에 스트레스가 되고 응어리가 생긴다.

이럴 때는 "슬프구나" "외롭구나" "기쁘구나" "화났구나"라는 식으로 말하면서 아이가 표현한 감정이 무엇이든지 있는 그대로 받아주고 인정해주자. 그리고 무엇 때문에 슬프고, 외롭고, 기쁘고, 화났는지 물어봐주자.

넷째, 감각의 자유다. 인간에게는 시각, 청각, 후각, 미각, 촉각의 5가지 감각이 있다. 감각은 이 오감의 자극을 통해서 의식에 변화가 생기는 것이다. 아이가 감각 경험을 한 뒤 의식에 변화가 생겨

"앗 뜨거워" "아야!" "예쁘다" "아, 너무 짜!"라고 표현할 때 "뜨겁긴 뭐가 뜨거워" "아프긴 뭐가 아파. 사내 녀석이 말야" "예쁘긴 뭐가 예뻐, 눈이 이상한 거 아니야?" "뭐가 짜다고 야단이니?"라며 아이의 감각 경험을 부인하고 무시하면 아이는 억울하고 속상하다.

이때는 "뜨겁구나. 식혀서 줄걸. 미안~" "아팠어? 호~해줄게" "네가 보기엔 예쁘다는 거구나" "네 입맛에는 짜구나. 물 좀 더 넣어줄까?"라고 하면서 아이의 감각 경험을 인정하고 존중해주자.

다섯째, 행동의 자유다. 행동의 자유는 아이의 몸을 통해서 표현되는 모든 제스처나 행동이다. 부모가 아이의 행동을 보고서 "까불지 마" "그렇게 발 떨지 마" "엉덩이 흔들지 마" "울지 마" "웃지 마" "노래 부르지 마"라는 식으로 말할 때 아이는 수치심을 느낄 수 있다.

이럴 때는 "까부는구나. 까불어" "발 떠내" "엉덩이 흔드는구나. 궁둥이로 이름 써봐" "울어도 돼" "웃어도 돼" "노래 불러도 돼"라는 식으로 말하면서 아이의 행동에 자유를 주고 인정해주면 아이는 자기 몸으로 표현하는 것을 자연스럽게 여기고 즐거워할 수 있다.

60대의 평범한 여성이 상담실을 찾아온 적이 있다. 사랑하는 남편과 가정을 이룬 자녀가 있는 평범한 여성이었다. 초등학교 때 어머니가 일찍 돌아가시고 이 여성은 졸지에 세 동생의 엄마 노릇을 하게 되었다. 아버지가 동생들이 까부는 것은 받아주시면서 자신이 어리광을 부리면 받아주지 않으셨다. "네가 이 집 큰사람인데,

어린애처럼 굴면 되겠니?"

시간이 흘러 어느덧 60대가 되었는데, 갑자기 어린아이처럼 생떼를 부리고 싶어졌다. 그런데 '누구에게 생떼를 부리고, 누가 받아줄 것인가?' 하는 생각이 들자 답답함과 우울증이 찾아왔다. 이 여성이 어렸을 때 필요했던 것은 "너도 어린애지" "생떼 부리고 싶구나" "생떼 부려도 돼" 등 아버지가 자신의 자유를 인정하고 존중해주는 말이었을 것이다.

이처럼 아이가 가진 5가지 영역에서의 자유를 인정하고 존중하는 것이 훈육의 기본이다. 한편 아이의 자유는 안전선 안에서 적절하게 통제될 때에만 비로소 '자기답고(자존감)', '함께 즐거운(사회성)' 사람으로 성장할 수 있다. 이 안전선에 대해서는 다음 장에서 다룬다.

훈육은 안전선 안에서 아이가
자유롭게 성장하도록 돕는 것이다

아이의 잘못에 대한 기준이 분명치 않거나 일관성이 없으면
아이는 자신의 행동 기준에 대해 정서적으로 불안감을 갖게 된다.

훈육은 안전선 안에서 아이가
자유를 누리며 성장하도록 돕는 것

자동차를 타고 원하는 곳으로 이동하기 위해서는 액셀과 브레이크가 필요하다. 자동차의 액셀이 부모가 존중해야 할 아이의 '자유'라면 액셀 옆에 있는 브레이크는 아이의 자유를 적절하게 통제하고 제한하는 '안전선'이다.

즉 부모의 훈육은 아이의 존재, 생각, 감정, 감각, 행동의 자유를 충분히 인정하고 존중하면서도, 아이가 그것을 '안전선' 안에서 누리고 표현할 수 있도록 도와주어야 한다. 이것은 민주주의 국가의

국민이라면 법과 윤리의 '안전선' 안에서 자유의 권리를 누리는 것과 비슷하다. 무엇이 적절한 안전선인가?

첫째, 신체의 안전이다. 아이의 자유는 아이 자신과 다른 사람이 신체적으로 안전할 때 보장된다. 동물원에서 아이가 처음 멧돼지를 보았다. 아이는 멧돼지가 놀고 있는 펜스 안으로 들어가려고 한다. 이때 부모가 아이의 행동을 막는다. 아이가 멧돼지를 보고(감각), 신기한 생각이 들고(생각), 들뜬 기분이 생기는 것(감정)은 인정하고 허용하면서도, 아이의 행동을 제한하고 막은 것은 멧돼지 때문에 아이가 다칠 수 있기 때문이다.

둘째, 감정의 존중이다. 멧돼지를 본 후 아이는 옆 우리에 있는 원숭이를 보기 위해 이동했다. 아이는 앞에서 구경하는 아이들 때문에 원숭이가 보이지 않아 짜증이 났다. 아이는 앞에 있는 아이들을 향해서 소리를 질렀다. 아이가 하도 크게 소리를 지르는 바람에 아이들뿐만 아니라 우리에 있던 원숭이들도 놀란 표정을 지었다.

아이가 소리를 지르는 행위가 아이 자신이나 다른 사람의 신체에 위해를 가하는 것은 아니다. 하지만 동물원에 놀러온 사람들이 재미있게 관람하는 분위기를 방해할 수 있다. 아이가 소리를 지르는 것을 그대로 두면 앞의 아이들뿐만 아니라 다른 부모들도 불쾌감을 느낄 것이다. 나의 즐거움이 중요한 만큼 다른 사람의 즐거움도 존중해주어야 하기 때문에 아이의 행동을 제한하는 것이다. 즉 아이가 원숭이를 앞에서 보고 싶은 생각과 감정의 자유는 인정하고 존중하지만 소리를 지르면서 다른 사람의 감정을 불쾌하게 만드는 것에는 적절한 제한이 필요하다.

여기까지 잠깐 정리해보자. 부모는 아이가 신체적 안전과 감정적 존중의 범위 안에서 자유를 누릴 수 있도록 코칭해야 한다. 이것은 아이가 장소나 분위기에 맞는 적절한 행동이나 언어로 표현할 수 있도록 부모가 지도해주어야 함을 의미한다. 이러한 부모의 훈육은 아이가 다른 사람들과 함께 어울려서 즐겁게 살 수 있도록 돕는 '사회화 훈련'이라고 할 수 있다.

셋째, 부모의 합리적인 판단이다. 신체의 안전과 감정의 존중을 기본적인 안전선으로 정하되 가족의 여건에 따라 부모가 서로 협의해서 합리적인 안전선을 정할 수 있다.

예를 들어 아이가 마트에서 불필요한 과자나 장난감을 사달라며 생떼를 쓸 때는 관심을 주지 말아야 한다. 아이가 느끼는 욕구나 갈망은 이해해주지만 동시에 단호하게 "안 돼"라고 말해야 한다. "네가 얼마나 저 과자를 먹고 싶어 하는지 알아. 하지만 비슷한 과자가 집에 있어." 그리고 더 이상 설명이나 설득을 하지 않고 단호하게 마트를 나온다.

즉 아이의 생각과 감정은 인정해주지만 잘못된 행동이나 부모가 허락할 수 없는 것에는 "안 돼"라고 말한다. 그러면 아이는 부모를 따라 나올 것이다. 만약 아이가 계속 조른다면 아이를 안고 데리고 나와서 관심을 다른 곳으로 돌리도록 한다.

이처럼 부모가 판단해 들어줄 수 없는 아이의 요구는 처음부터 시종일관 안 된다고 반복해서 말하고 끝까지 들어주지 말아야 한다. 아이의 잘못된 행동을 부모가 말리거나 꾸중하지 않는다면 아이는 오히려 불안감을 느끼면서 부모를 신뢰하지 못하게 된다. 아이는 부모의 지적이 달갑지 않지만 부모가 자신을 잘못된 행동으로부터 지켜주고 있다는 생각이 들면 안심한다.

한편 부모가 아이의 생떼에 밀려 아이의 요구를 들어준다면 아이는 원하는 것이 생길 때마다 이전과 같은 방법을 사용할 것이다. 그럴 때마다 부모는 피곤함과 무력감을 경험하고, 아이는 점점 더 통제하기 어려워질 것이다. 이런 아이는 만족 지연 능력이 낮고 쉽게 싫증이나 짜증을 내기 때문에 문제 해결을 포기할 수 있다. 또한 친밀한 친구관계나 집중과 노력이 필요한 학습에서 어려움을 보이기도 한다.

부모가 제시하는 '합리적인' 안전선에는 분명하고 일관성 있는 기준이 있어야 한다. 아이의 잘못에 대한 기준이 분명치 않거나 일관성이 없으면 아이는 자신의 행동 기준에 대해 혼란을 느끼고 정서적으로 불안감을 갖게 된다. 그것은 다음에 제시한 '행동 지침'의 예시처럼 아이에게 전달될 수 있다.

ㅇ 행동 지침

1. 컴퓨터 게임은 주중에는 하루 한 시간 이내, 주말에는 2시간 이내로 한다.

2. 잘 지키면 1번에서 정한 대로 계속 컴퓨터 게임을 할 수 있다.

3. 한 번 어길 때마다 주중에는 15분, 주말에는 30분씩 게임을 할 수 있는 시간이 줄어든다.

위 지침에 동의함

아빠 이름: _____   서명: _____

엄마 이름: _____   서명: _____

자녀 이름: _____   서명: _____

날짜: 년   월   일

이 '행동 지침'에 대한 번호별 설명은 다음과 같다.

1. 부모가 일관성 있는 기준을 제시하기 위해서는 아이가 따라야 하는 행동기준을 부모가 먼저 협의해서 적는다(아이의 나이에 따라 2개에서 5개 이내가 좋다).

2. 잘 지켰을 때의 보상을 적는다.

3. 잘 지키지 않았을 때의 제한점을 적는다.

이때 부모가 제시한 기준에 대해서 아이가 불만을 갖거나 다른 제안을 하면 아이의 의견과 조율해가며 변경할 수 있다. 한편 아이가 어려서 글을 모르는 나이라면 부모가 아이의 행동 지침을 구두로 말해준 다음 아이로부터 그것을 지키겠다는 약속을 구두로 받는다.

구조, 자극, 인정에 따라서
훈육하는 방법을 활용해보자

부모가 훈육할 때 아이의 3가지 심리적 욕구인 구조, 자극, 인정에 따라 안전선을 제시하고 훈육하는 방법을 사용해보자. 이는 정신의학자 에릭 번Eric Berne이 제시한 아이디어다. '구조'는 부모가 아이에게 먼저 안전한 범위를 정해주는 것이다.

예를 들면 이런 식이다. "여기까지 놀 수 있어. 여기를 넘어가면 위험해서 안 돼." "넘어가고 싶으면 엄마한테 먼저 말해줘야 해." "이것하고 저것만 가지고 놀 수 있어."

이때 아이에게 "알겠니?" 하고 물어본 다음 아이의 자발적인 대답을 기다린다. 아이의 자발적인 대답을 기다리는 이유는 부모가 일방적으로 제시한 것에는 반발심을 갖지만 자신이 스스로 이해한 것을 바탕으로 자발적으로 대답한 것은 지키려고 하기 때문이다.

'자극'은 아이가 놀고 있을 때 부모가 보이는 반응이다. 요즘 말로 아이가 노는 것에 부모가 '리액션'을 해주는 것이다. "그렇게 하는 거구나" "이렇게도 해볼 수 있겠다" "와, 멋있는데!"라는 식으로 반응하기도 하고, 아이가 구조를 벗어나서 놀려고 하면 "지금 거기에서 벗어났어" "다시 들어와야지" 하면서 아이가 '구조' 안에 들어와서 놀 수 있도록 일러준다.

'인정'은 아이가 '구조' 안에서 잘 놀고 있을 때 적절하게 칭찬해주는 것이다. "약속한 대로 여기서만 놀아서 엄마가 무척 안심이 됐어. 고마워." "재미있게 잘 노는 것 같더라." "이야(감탄사)" 혹은 엄지를 들어올리며 칭찬의 표시를 해줄 수 있다.

예를 들어보자. 부모와 6세 남자아이가 커피 전문점에 앉아 있다. 부모만 서로 얘기하자 아이는 지루해하면서 중간중간 부모가 하는 말에 끼어들었다.

"엄마, 이거 봐봐."

그런데도 엄마는 아이의 말엔 별 반응 없이 남편과 계속 말을 이어갔다. 따분해진 아이가 커피숍 여기저기를 돌아다니고, 소리를 지르면서 "엄마, 이거 좀 봐" 하니까 엄마가 한마디 한다.

"엄마는 지금 아빠랑 얘기하잖아. 여기 와서 조용히 하고 있어."

그러자 아이는 좀 잠잠해지는가 싶다가 다시 "엄마, 이거 뭐야?" "아빠, 여기 와봐" 하면서 큰 소리로 말한다. 이번엔 아빠도 아이를 조용히 시키며 "저기 가서 놀아"라고 말하며 다그친다.

상황이 이렇게 되자 부모도 서로의 대화에 집중하기 어렵고, 아이 입장에서도 지루하게 혼자 놀면서 부모에게 구박만 받으니 재미가 없고 마음이 불편하다. 이럴 때는 다음과 같이 아이에게 먼저 구조를 제공해주자.

부모 : (시계바늘을 가리키면서) 엄마, 아빠가 이만큼 얘기할 거야(시간적 구조). (커피 전문점 안의 공간을 손가락으로 가리키면서) 여기서부터 여기까지 놀 수 있어(공간적 구조). (아이에게 자극이 될 만한 색칠하기 책이나 장난감을 주면서) 이거 가지고 놀아. 더 필요한 거 있니? 화장실 가고 싶으면 엄마한테 말해줘. (아까 지정한 선을 가리키면서) 여기를 넘어서 다른 곳으로 가거나 뛰어다니면 안 돼. 다른 사람들이 불편할 거야. 알겠니?

아이 : 응.

이렇게 구조를 잡아준 다음 부모는 대화를 계속한다. 그리고 아이가 노는 중간중간 "그림 그리고 있구나. 빨간색 칠했네"라고 말하면 아이가 구조 안에 잘 머무르고 있다는 것을 간접적으로 '인정'해주는 것이고, "더 필요한 것은 없니?"라고 물어봐주는 것은 아이에게 필요한 '자극'을 알아보는 것이다. 이렇게 부모가 '인정'과 '자극'을 제공하는 것은 아이가 구조 안에 재미있게 머무를 수 있도록 돕는다.

한편, 아이가 지루해하면서 "언제 끝나"라고 물으면 "지루하구나."(공감) (시계를 보여주며) "아까 엄마, 아빠가 이만큼 얘기한다고 말했잖아. 이제 이만큼 남았어. 조금만 더 기다려줘"라고 말한다. 그러면 아이는 부모의 차분하고 단호한 모습에서 안전감과 존중감을 느끼면서 "알겠어요"라고 대답할 가능성이 높다.

◐ 만족 지연에 관한 실험(일명 마시멜로 실험)

어린 시절의 자제심과 미래의 사회적 성과와의 관련성을 조사한 유명한 실험으로, 스탠퍼드대학교 심리학자 월터 미셸(Walter Mischel)이 1960년대 후반~1970년대 초반 실시했다.

실험 대상은 4세 어린이 186명이었다. 선생님이 4세짜리 아이들에게 마시멜로 사탕이 한 개 들어 있는 접시와 2개 들어 있는 접시를 보여준다. 지금 먹으면 한 개를 먹을 수 있지만 15분 뒤 선생님이 돌아올 때까지 먹지 않고 있으면 2개를 주겠다고 한다. 그러고는 마시멜로가 하나 들어 있는 그릇을 아이 앞에 남겨놓고 방에서 나간다.

이때 반응은 선생님이 나가자마자 먹어버리는 아이, 참다 참다 중간에 먹어버리는 아이, 끝까지 참고 기다리는 아이로 나뉜다. 실험에 참가한 아이들 중에 1/3은 끝까지 참았고, 2/3는 참지 못하고 중간에 먹어버렸다.

10년 뒤 추적 연구를 통해 마시멜로를 먹지 않고 오래 참은 아이일수록 가정이나 학교에서의 삶 전반에서 참지 못한 아이들보다 훨씬 우수했고, (미국의) 대학입학 시험(SAT)에서는 또래들에 비해 뛰어난 성취도를 보였다. 유사 연구들에 따르면 마시멜로 효과는 너무나 강력해서 지능 지수보다도 더 예측력이 우수했고, 인종이나 민족에 따른 차이도 없었다.

타임아웃은 아이 스스로
행동을 조절하는 시간이다

타임아웃은 부모의 관심과 사랑을 일시적으로 중단하는 것이다.
타임아웃은 문제 행동을 보이는 즉시 이루어져야 한다.

타임아웃은 부모의 관심과 사랑을
일시적으로 중단하는 것

"한 번 실수는 병가지상사"라는 한자어가 있다. 이 말의 뜻은 전쟁에서 병사가 다치거나 죽는 일은 흔하게 있을 수 있는 것처럼 일상생활 가운데 사람이 실수하는 것도 흔한 것이니 너그러움을 갖자는 말이다.

인생을 전쟁터에 비유하면 아이들은 이제 막 전쟁에 출정한 병사들이다. 그런 아이들이 잘못을 하거나 문제행동을 일으키는 것은 흔히 있을 수 있는 일이다. 그때마다 부모가 감정적으로 야단을 치거나 벌을 줘서 아이의 기를 꺾어놓을 것까지는 없다. 아이들이 문제 행동을 할 때는 아이 스스로 그것을 조절할 수 있도록 기회를 줄 필요가 있다.

'타임아웃Time Out'은 아이가 벌을 받는 것이 아니라 스스로의 행동을 조절할 수 있는 기회를 얻는 것이다. 자신의 문제 행동 때문에 부모로부터 타임아웃을 지시받은 아이가 지적받은 행동을 계속한다면 아이는 이후에 부모와 함께 즐거운 시간을 갖기 어렵다는 것을 감수해야 한다. 그것이 싫은 아이는 타임아웃 장소로 지정된 곳(예: 자기 방)으로 가서 부모가 지정한 시간 동안 자신의 행동을 스스로 조절하는 것을 연습해야 한다.

타임아웃의 사전적인 의미는 일을 하다가 중간에 휴식 시간을 갖는 것 혹은 운동 경기 중간에 작전을 상의하기 위해서 경기를 잠시 멈추는 것이다. 훈육에서 타임아웃은 아이에게 단지 벌을 주는 것이 아니다. 부모가 평상시에 아이에게 주었던 돌봄과 관심, 칭찬과 격려를 잠시 멈추고, 아이가 다시 원래의 '경기력(예: 적절한 행동)'을 갖출 수 있도록 행동을 조절하는 기회를 주는 것이다.

타임아웃이 제대로 시행되기 위해서 가장 중요한 것은 부모와 자녀와의 평상시 좋은 유대관계다. 예를 들어 당신이 국가대표 운동선수라고 가정해보자. 당신에게는 2명의 훈련 코치가 있다. 코치 A는 평소에 친절하고 당신과 사이도 좋다. 코치 B는 평소에 친절하지 않고 당신과 사이도 좋지 않다.

이 두 코치의 공통점은 서운할 정도로 엄격하게 훈련을 시킨다는 것이다. 당신은 코치 A에 대해서는 '나를 제대로 훈련시키시는구나' '훈련을 잘 마치면 다시 좋은 관계로 돌아가겠지!' 하는 마음을 가지고 훈련을 견딜 것이다. 반면에 코치 B에 대해서는 '나에게 안 좋은 감정이 있어서 저러시나?' '훈련인지 혼나는 건지 모르겠다' 하는 생각을 가지며 훈련을 어려워할 것이다.

마찬가지로 부모와 아이가 평소에 좋은 유대관계를 가지고 있었다면 부모가 아이에게 '타임아웃'을 말할 때 아이는 그것을 훈련으로 받아들이며 부모가 보여주었던 친절한 모습과 즐거운 상호작용을 잠시 동안 빼앗기는 불편을 감수할 것이다. 왜냐하면 그 시간이 지나면 다시 좋은 시간을 얻게 된다는 희망이 있기 때문이다.

하지만 평소에 부모와 아이의 유대관계가 좋지 못했다면 부모가 '타임아웃'을 말할 때 아이는 그것을 훈련으로 받아들이기보다는 부모가 감정적으로 흥분해서 야단을 치는 것으로 받아들일 수 있다. 더욱이 타임아웃 시간이 지나도 부모와 좋은 시간을 갖게 된다는 희망이 없기 때문에 아이가 제대로 협조하지 않을 수 있다.

타임아웃에는 몇 가지 원칙이 있다. 먼저 한두 번 정도 주의를 준 행동에 대해 아이가 계속해서 잘못된 행동을 할 때는 타임아웃을 한다는 것을 알려준다. 동생에게 소리를 지르거나 밀치지 말라고 분명하게 주의를 주었는데도 계속해서 동생을 괴롭힌다면 "동생한테 소리를 질러서 2분 동안 타임아웃이야." 이렇게 말하고 타임아웃 장소(예: 거실 벽)로 가서 벽을 보고 의자에 앉거나 서 있도록 지시한다. 아이가 타임아웃을 받을 때 "너는 지금 벌을 받으러 가는 게 아니야. 문제행동을 조절하지 못했으니 그곳(타임아웃 장소)에 가서 네 행동을 스스로 조절하는 시간을 갖는 거야"라고 말해줄 수 있다.

타임아웃 장소는 미리 집안에 한두 곳을 정해 놓는다. 타임아웃을 하는 동안 아이가 좋아하는 TV, 컴퓨터, 스마트폰, 게임, 친구와의 전화는 금지된다. 이는 보상이 될 수 있기 때문이다. 하지만 타임아웃 장소에서 가만히 앉아 있거나 책을 보고 침대에 누워 있거나 인형을 안고 있거나 장난감을 가지고 노는 것은 괜찮다. 중요한 것은 아이가 차분하게 자신의 문제 행동을 조절하는 것이기 때문이다.

타임아웃을 할 때 무엇은 되고 무엇은 안 되는지 부모가 먼저 협의해서 아이가 타임아웃을 할 장소에 붙여놓는 것도 한 방법이다. 타임아웃은 짧고 간결하게 한다. 타임아웃은 아이들의 나이에 따라 2~5분 이내가 적당하다. 문제의 정도가 심하거나 나이가 많은 아이들은 5분 이상도 가능하다.

문구점에서 파는 1분, 3분, 5분 모래시계를 활용해서 아이가 그것이 다 떨어질 때까지 차분하게 있도록 해보자. 그러면 부모가 따로 시간을 잴 필요 없이 자녀가 스스로 모래시계를 확인하고 조절할 것이다. 모래시계의 모래가 떨어지는 것을 보면서 놀기도 한다. 그것도 괜찮다. 중학교에 갈 무렵이면 아이의 나이를 고려해줘야 하는데, 이때는 타임아웃보다는 아이가 한 행동에 대해 분석하는 글을 쓰게 하는 방법이 더 효과적일 수 있다.

문제 행동을 보이는 즉시
타임아웃이 이루어져야 한다

아이와 마켓에 갔는데 아이가 심하게 짜증을 부린다. 엄마는 장을 보는 일이 어려울 지경이다. 그러면 엄마가 아이에게 "있다가 차에 가서 보자" "있다가 집에 가서 엄마가 그냥 두나봐라" "아빠한테 다 말해서 너 혼날 줄 알아"라는 식으로 말하면서 겁을 주지 말자. 아이가 문제 행동을 일으킨 바로 그 자리에서 아이의 행동에 대해서 다음과 같이 조치한다.

"너 지금 짜증을 낸 것에 대해 타임아웃이 필요해. 여기 의자에 1분 동안 앉아 있어." (만약 의자가 없다면) "여기 벽 보고 1분간 서 있어."

이렇게 말하고 아이가 내는 짜증에 대해 어떠한 반응도 보여주지 않고, 아이가 행동을 조절할 때까지 옆에서 기다린다. 만약 아이가 마켓 바닥에 누워 떼굴떼굴 구르거나 소리를 지른다면 아이를 일으켜 세운 다음 마켓에서 사람들의 왕래가 뜸한 곳이나 마켓 바깥의 벤치 같은 곳으로 가서 진열된 물건이나 벽을 보면서 타임 아웃을 하도록 시킨다.

"네가 소리 지르고 짜증을 낸 것에 대해서 2분 동안 타임아웃 이야."

이렇게 말하고 옆에 서서 기다린다. 지나가는 사람들 보기에 창피해도 부모는 끝까지 침착하고 단호한 모습으로 기다려야 한다. 집으로 돌아오는 길에 아이가 차 안에서 짜증을 부리고 소리를 지르면 차를 잠시 안전한 곳에 주차해놓고, 아이가 짜증을 멈출 때까지 차 안에서 함께 기다린다. 이때도 부모는 침착한 태도로 계속해서 부드러움과 단호함을 잃지 말아야 한다.

아이가 흥분된 행동을 멈추지 않거나 부모의 타임아웃 지시를 따르지 않으면 "그래? 그럼 타임아웃을 2분 더 늘린다"라고 알린다. 그래도 아이가 듣지 않으면 아이의 눈을 정면으로 바라보면서 진지한 표정으로 타임아웃과 논리적 결과 중 하나를 선택하게 한다. 아이가 다섯 살이 넘으면 상위 뇌가 어느 정도 성숙해서 논리적 결과에 대한 판단을 할 수 있다.

"네가 타임아웃을 하지 않겠다면 다음 중 하나를 선택할 수 있어. 오늘 집에 가서 게임 금지, TV시청 금지, 스마트폰 사용 금지 혹은 이번 주에 친구 집 놀러가기 금지 등이야."

이러한 부모의 제안에도 아이가 흥분을 가라앉히지 못하고 말을 듣지 않으면 다음과 같이 말하자.

"그럼 엄마가 결정해줄게. 오늘 저녁 시간에 (네가 좋아하는) 애니메이션 TV 시청 금지야."

이같이 아이가 평상시 즐겨 하는 것을 하나 골라서 일시적으로 금지시키고 이것을 실행한다.

아이가 타임아웃에 저항할 것에 대비해서 아이가 좋아하는 활동 중에 일시적으로 정지시킬 활동 몇 가지를 미리 생각해두었다가 적절한 타이밍에 제시하면 효과가 있다. 일단 아이가 그 활동을 할 수 없도록 일시적으로 정지시키고 나면 아이하고 언쟁하거나 더 이상 타협하지 않는다. 부드럽지만 단호히 아이에게 금지사항을 전달하고 그것을 못하게 하면서 자리를 떠난다.

감정과 행동을 조절하지 못하는 아이에게 타임아웃시 가장 중요한 것은 부모가 먼저 자신의 감정을 조절하는 것이다. 부모가 아이에게 타임아웃을 지시하거나 실행할 때 물리적인 힘을 사용해서 아이를 타임아웃 장소로 끌고 가거나 얼굴 표정을 험하게 해서 고함을 지르면 안 된다.

만약 "너 지금 타임아웃 의자로 가"라고 말했는데, 아이가 "난 안 갈 거야. 어디 하나 봐요!"라는 식으로 말하며 반항적으로 나오면 부모는 더욱 차분함과 침착함을 유지하면서 부드럽고 단호한 태도로 앞서 언급한 방법들을 시도해야 한다. 만약 그렇지 않고 아이의 반발에 "뭐, 이 녀석이?" 하면서 화를 내고 흥분하거나 아이를 억지로 제압하려고 하면 아이는 문제를 차분하면서도 단호하게 해결하는 방법을 배우지 못하게 된다.

아이가 타임아웃을 잘 이행하고 나면 타임아웃을 받게 된 문제 행동에 대해 일장 연설을 늘어놓지 말자. 따뜻한 표정으로 "타임아웃을 잘 지켰구나. 지금은 한결 편안해 보인다"라고 말해주기만 하면 된다.

부모가 서로 훈육 방식을 조율해서
한 목소리를 내자

훈육에는 아빠와 엄마의 원칙 있는 협의가 필요하다.
부모의 협의를 통해서 아이에게 예측 가능한 일상을 선물하자.

훈육에는 아빠와 엄마의
원칙 있는 협의가 중요하다

훈육 과정에서 부모의 과제는 부부가 서로 협상하고 조율하면서 최대한 한 목소리를 내는 것이다. 승식이 아빠는 아이가 연필만 잡아도 잘못될까 봐 걱정하고, 엄마는 그냥 놔둔다. 아빠는 아이가 네 조각으로 자른 계란을 먹을 때 너무 커서 목에 걸릴까 봐 걱정하고, 엄마는 그 정도는 괜찮다고 생각한다.

남편이 아내에게 아이 안전의 중요성에 대해 설명하지만 아내는 아이가 그 정도 때문에 잘못되는 일은 없을 것이라고 말하며 반박한다. 남편은 점점 아내에게 짜증과 비난 섞인 말을 하고, 아내는 한숨을 쉬며 참는다. 이때 옆에서 놀던 5세 딸아이는 부모의 눈치를 보기 시작하며 긴장한다.

부부가 서로 다른 선택을 하는 것은 각자의 가치관이 다르기 때문이다. 가치관의 차이는 서로가 이전부터 믿고 있었던 신념의 차이에서 비롯된다. 이 사례에서 남편의 가치관은 안전한 환경을 제공해주는 것이고, 그 이면에 있는 것은 '아이는 안전해야 행복하게 클 수 있다'는 믿음이다.

한편 아내의 가치관은 아이에게 자유로운 환경을 제공해주는 것이고, 그 이면에 있는 것은 '아이는 자유로워야 행복하게 클 수 있다'는 신념이다. 이렇게 다른 선호도와 가치관 그리고 신념을 가진 부부가 어떻게 협상하고 조율할 수 있을까?

남편은 아이를 자유롭게 키우고 싶어 하는 아내의 마음을 인정하고, 아내는 남편이 아이를 안전하게 키우고 싶어 하는 마음을 존중하는 데서부터 협상이 시작될 수 있다. 서로의 다른 입장을 인정하고 존중하는 것이 서로의 다른 양육 방식에 동의하는 것을 의미하지는 않는다. 부부가 서로 다른 생각과 감정 그리고 경험을 할 수 있다는 자유를 인정하고 존중하되, 그것이 표현되는 방식은 다음의 안전선을 지키면서 협상하고 조율하자.

첫째, 신체적 안전이다. 남편은 아이가 연필을 잡고, 계란 조각이 커 보일 때 아이의 안전이 걱정된다. 남편은 아이가 연필을 갖고 놀 때 혹시 그것으로 자기 눈을 찌르지 않을까 걱정한다. 아이의 안전에 관해서는 조금 기준이 높은 것도 나쁘지 않다.

이 기준에 아내도 동의한다면 아이가 놀 때 고글 같은 것을 씌워주든지, 아예 연필을 가지고 놀게 하지 말자. 대신에 색연필이나 크레용같이 끝이 부드러운 소재의 필기구를 갖고 놀도록 하자. 계란의 경우는 만에 하나 목에 걸릴까 봐 걱정하는 남편의 염려를 고려해 더 잘게 잘라서 주자. 이때 계란을 잘게 자르는 것은 남편의 몫으로 남겨두자.

둘째, 감정의 존중이다. 아내는 남편과 자신의 입장이 다를 때 남편이 감정적으로 언성을 높이고, 권위적으로 대하는 것에 상처를 입는다. 이렇게 부부간 언성이 높아질 때 아내뿐만 아니라 아이도 상처를 받고 눈치를 보게 된다. 부모가 아이 양육에 관한 기준이 다를 수 있다. 중요한 것은 그 다름을 인정하고 감정적인 비난이 아니라 차분한 대화로 협의하고 조율하는 것이다. 만약 그렇지 않고 부부간에 번번이 싸운다면 아이에게 가장 좋지 않은 성장 환경을 제공하는 것이다.

어려서부터 부모가 자주 싸우는 가정 환경에서 성장한 아이는 학습된 무기력으로 인해 의욕 상실, 우울증, 자살 충동 등을 경험할 수 있다. 미국 버몬트대학교의 연구에 따르면 이러한 부모 밑에서 자란 아이는 다른 사람의 표정을 읽는 능력과 공감 능력이 떨어질 수 있다고 한다.

아이에게 예측 가능한
일상을 선물하자

　성민이의 부모는 맞벌이를 한다. 주중에는 아내가 회사에서 돌아오면서 어린이집이나 친정어머니로부터 아이를 데리고 와서 육아를 전담한다. 주말에는 남편이 아내의 집안일을 돕는다. 주중에 육아로 지친 아내를 좀 더 자게 하고, 싱크대를 치우는 것에서부터 집안일을 시작한다. 저녁이 되면 남편은 자신이 할 일을 다 했다는 생각에 소파에서 TV를 보거나 게임을 하며 쉰다. 이때 아내가 남편에게 "이불 좀 정리해줘요" "밥 차리는 동안 아이랑 놀아주세요"라며 요청을 한다.

　남편은 이미 지쳐서 방전된 것도 있고, 낮 시간 동안 본인이 할 일을 다 했다고 생각해 아내의 말에 무대응하거나 못 들은 척한다. 아내는 자신의 요청을 들어주지 않는 남편에게 화를 낸다. 남편은 아내에게 "왜 화를 내냐?" 말하며 싸움이 시작된다. 이렇게 부부가 싸울 때 옆에서 놀던 일곱 살 아들이 울기 시작한다.

　사례에서 남편은 아내가 주중에 육아로 힘들었으므로 배려하는 마음에 주말에는 집안일을 하겠다고 자청했다. 남편은 주말에 집안일을 하면서 자신이 맡은 일을 잘했다고 자부했다. 그런데 아내는 "당신은 자기 스타일대로 열심히 한 것이지 내가 요청할 때는 잘 안 도와줘요"라며 화를 낸다. 문제가 무엇이었을까?

남편이 주말에 자신의 계획표대로 일을 한 것은 문제가 되지 않았다. 하지만 낮 시간 동안 쉬고 일어난 아내가 남편에게 부탁한 요청에 대해서는 '무대응, 무답변'의 태도를 보임으로써 아내를 존중하지 않았던 것이 문제다.

아내의 문제는 남편이 한 일에 대한 감사를 표현하지 않았고, 자신의 요청이 거절되었다고 느꼈을 때 그 이유를 차분하게 말하지 않고 화를 낸 것이다. 이렇게 된 가장 큰 이유 중 하나는 사전에 주말 일정을 조율하지 않았기 때문이다.

따라서 이 부모에게 가장 필요한 것은 주말 일정이 예측 가능하도록 미리 계획표를 짜는 것이다. 필자는 이 부모에게 다음의 일일 생활계획표를 주고 서로가 보지 못하도록 한 다음 각자가 생각하는 주말 일정을 적어보도록 했다. 그 다음에 각자가 적은 내용을 보면서 함께 합의하는 하나의 계획표를 만들어보도록 했다.

이렇게 합의된 계획표 덕분에 부부는 덜 불안하고 더 편안한 주말을 맞이할 수 있게 되었다.

학령기 아이를 둔 부모라면 아이의 주중 일상이 미리 짜인 계획표에 따라서 실천될 수 있도록 하자. "제발 공부 좀 해라." "너 숙제 안 하고 뭐해?" 이런 말은 계획표에 따라 올바르게 점검하는 것이 아니다. "저녁 먹고 나서 8시까지 숙제 끝내면 아빠가 확인해줄게. 약속한 대로 10시까지는 잠자리에 들고 잘 때는 컴퓨터 끄는 거야." 이렇게 계획에 따른 명확한 점검이 필요하다.

부부의 계획표

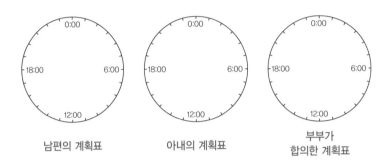

남편의 계획표   아내의 계획표   부부가 합의한 계획표

그 외에 부모가 협의하는 과정에서 다음 2가지를 참고하기 바란다.

첫째, 양육에서 부모 각자의 역할을 정한다. 모든 부모에게 적용할 수는 없지만 아빠는 아이와 놀아주는 역할, 엄마는 아이를 양육하는 역할로 구분하는 것을 생각해볼 수 있다. 미국 오하이오 주립대학교의 연구에 따르면 아빠는 아이를 어깨나 등에 태우고 놀아주는 역할, 엄마는 목욕시키기, 밥 먹이기 같이 양육하는 일로 역할 분담을 하면 각자 책임감이 생기고 관계가 돈독해지면서 서로를 지지하게 된다고 한다.

둘째, 부모가 먼저 아이가 지켜야 할 규칙을 협상하고 조율할 필요가 있다. 부모가 아이에게 한 목소리를 내기 위해서이다. 즉 부모가 먼저 한 목소리로 아이가 지켜야 할 규칙을 정한 다음 아이에게 그것을 알려주고 아이의 반응을 지켜보면서 아이와 조율한다. 아이와 조율한 다음에는 아이가 그것을 지키겠다는 자발적인 동의를 기다려서 듣자. 아이와 약속을 했다고는 하지만 부모가 일방적으로 통보하는 규칙이라면 아이는 지키려 들지 않을 것이다.

예를 들어 "내일 아침에 일어나서 어린이집에 가는 거다. 게임은 평일은 안 되고, 주말에만 30분씩 하는 거야"라고 부모가 통보하고는 아이의 답변을 기다리지 않았다. 아이가 아침에 일어나지 않자 부모는 "너 어제 약속했는데, 왜 안 일어나?"라고 말하며 야단을 친다. 하지만 아이에게 아침에 일찍 일어나라는 말은 부모의 일방적인 통보였을 뿐 아이는 자발적으로 약속한 적이 없기 때문에 억울하다.

부모가 제안한 규칙을 아이가 잘 지키기를 바란다면 아이도 그 규칙에 대해서 자신의 목소리를 낼 수 있는 기회를 주자. 규칙이 정해지면 아이가 그것을 지키겠다는 자발적인 답변을 할 때까지 기다려주자. 부모와 자녀가 합의한 규칙이라면 아이는 그것을 지킬 가능성이 매우 높다. 물론 때에 따라서는 부모가 정한 규칙을 자녀에게 일방적으로 제시할 필요도 있다(예: 미성년 자녀에 대한 통금 시간, 술, 담배 등).

◉ 학습된 무기력

개를 밀폐된 실험 공간에 둔다. 그 공간은 중간에 족구장 네트처럼 칸막이가 있고, 바닥에는 전기가 흐를 수 있는 장치가 설치되어 있다.

개가 있는 쪽 바닥에 전류를 흐르게 하면 개는 놀라서 중간 담장을 넘어 반대편으로 간다. 반대편에도 바닥에 전류가 흐르면 개는 다시 놀라며 원래 있던 곳으로 넘어온다. 그런데 두 쪽 다 전류를 흘리면 어떻게 될까? 개는 오도 가도 못하고 그 자리에서 전류의 고통을 경험하며 버틸 수밖에 없다.

이렇게 두 지점 모두에서 전류가 흐르는 경험을 몇 번 하다 보면 개는 바닥에 전류가 흘러도 반대편으로 움직이려고 하지 않고, '무기력'하게 그 자리에 서 있게 된다.

아이가 가정에서 지속적으로 스트레스를 받으면서 이를 피할 곳을 찾지 못하면 학습된 무기력증 증세를 보일 수 있다.

칭찬과 격려가 아이의
자신감과 자기 조절 능력을 키운다

아이 스스로 성취하는 과정에서 자신감과 자기 조절 능력을 키운다.
칭찬은 구체적으로, 야단은 합리적으로, 격려는 따뜻하게 해주자.

아이는 자기 힘으로 성취하면서
자신감과 자기 조절 능력을 키운다

아이의 자존감은 가치감과 자신감으로 구성된다. 아이가 높은
자존감을 가지기 위해서는 자신의 존재에 대한 가치감뿐만 아니
라 성취에 대한 자신감도 필요하다.

사회 심리학자 에리히 프롬은 그의 저서 『사랑의 기술』에서 엄
마의 사랑은 무조건적이고, 아빠의 사랑은 조건적이라고 말했다
(필자는 이것을 상징적인 의미로 이해한다. 엄마에게도 조건적인 사랑이 있
고, 아빠에게도 무조건적인 사랑이 있기 때문이다).

엄마의 무조건적인 사랑을 많이 받은 아이는 가치감이 높다. 이런 아이는 실패가 자신의 존재 가치를 훼손할 수 없다는 것을 안다. 이것은 마치 5만 원짜리 지폐가 아무리 구겨져도 그 가치에는 변함이 없다는 것을 아는 것과 같다. 한편 무조건적인 사랑만 받으면 아이가 옳고 그름의 판단을 잘하지 못하고 방종하거나, 성장을 위한 도전과 자극이 부족해 미성숙할 수 있다.

한편, 아이가 자신감을 갖게 하기 위해서는 아빠의 조건적인 사랑이 필요하다. 조건적인 사랑은 아이가 무언가를 성취할 때 그것을 인정하고 칭찬해주면서 성장을 촉진시키는 사랑이다. 그런데 부모의 사랑이 조건적이기만 하다면 아이는 실패와 자신을 동일시하기 때문에 작은 실패에도 쉽게 좌절해 다시 일어나기 어려울 것이다.

아이의 가치감을 높이는 엄마의 무조건적인 사랑과 아이가 어떤 일을 성취했을 때 인정하고 칭찬해주어서 자신감과 자기 조절 능력을 키우는 아빠의 조건적인 사랑이 모두 필요하다.

이번 장에서는 아이의 자기 자신감과 조절 능력을 키우는 부모의 조건적인 사랑, 그중에서도 칭찬과 격려에 대해 알아보고자 한다.

성취감은 아이가 주어진 일을 스스로 해낼 때 생긴다. 아이가 할 수 있는 임무를 주고 일을 마쳤을 때 부모가 칭찬해주는 것은 아이의 성취감을 높이는 데 효과적이다. 이때 큰 과제가 아니라 작은 성공의 기회를 자주 가질 수 있도록 해준다. 부모가 제시한 과제가 아니더라도 아이가 어떤 성취를 했을 때는 부모가 이것을 잘 포착해서 구체적으로 칭찬해주자. 아이 입장에서는 '싫어도 참으니 부모님의 칭찬을 들어서 기분이 좋다' '양보를 했더니 동생과 싸우지 않아서 좋다' 등의 작은 성공 경험이 쌓이는 과정에서 아이의 자기감정 조절 능력이 생긴다.

아이가 발달 과제를 성취하는 과정에는 실패도 있고 기다려야 하는 순간도 있다. 아이는 자기가 할 수 있는 수준에서 도전하고, 참고 기다리는 과정에서 자신의 감정을 조절하는 능력을 키우게 된다. 아이는 참고 기다리면 성취라는 더 큰 기쁨을 누릴 수 있다는 것을 깨닫는다. 아이가 실패에서 멈추지 않고, 기다림과 재도전을 통해서 성취하는 경험이 반복된다면 아이는 성취감을 더 자주 느낄 수 있고, 그때마다 자신감이 커질 것이다.

요즘 부모들 중에는 아이가 일단 학교에 들어가면 공부 외에는 다른 일을 시키지 않는 경우가 있다. 부모들은 "넌 공부만 해"라며 온갖 시중을 다 들어준다. 아이가 입을 옷도 골라주고, 가방도 챙겨주고 심지어 숙제를 대신해주기도 한다.

이렇게 부모가 하나부터 열까지 챙기고 대신 해주는 아이는 자발성이 아닌 수동성이 생기고, 독립심보다는 의존성을 갖게 된다. 사회성과 리더십을 발휘하기보다는 다른 사람을 따라가기에 바쁜 사람으로 성장할 수 있다. 이렇게 성장한 아이는 자기중심적이고 책임감이 부족하며 쉽게 우울감과 불안감을 경험할 수 있다.

한편 아이가 무엇을 스스로 해보려는 마음인 자발성을 존중받으면 열정이 생긴다. 아이는 이 열정으로 무언가에 집중해서 성취하려고 노력한다. 이러한 노력은 스스로 성공을 경험하는 시간이 되기도 하고, 자신의 한계를 발견하면서 다른 사람의 도움이 필요하다는 것을 깨닫는 기회가 되기도 한다.

아이는 스스로 성취한 시간을 통해 자신감을 갖게 되고, 그 과정에서 또 다른 성취 목표를 갖게 된다. 혼자서는 달성할 수 없는 목표인 것을 인정하고 다른 사람에게 협력의 손길을 내민다. 이러한 경험은 사회성과 리더십이 발전하는 계기가 된다.

칭찬은 구체적으로, 야단은 합리적으로, 격려는 따뜻하게 건네자

링컨은 지난 수십 년간 미국인들이 뽑은 가장 위대한 대통령이다. 하지만 당시 수백만의 사람들이 링컨 대통령을 비난하고 반대했다. 남부 사람들은 링컨에게 자신들이 뽑아준 것을 기억하지 못하는 배신자라 말했고, 북부 사람들은 분리주의적인 행동을 엄단하겠다는 링컨을 매우 싫어했다. 이런 분위기 가운데 존 브라이트라는 사람은 신문 사설에서 링컨을 '역사상 가장 위대한 인물 가운데 한 분'이라고 이례적으로 칭찬했다.

1865년 4월 14일 링컨이 암살당한 날 그의 주머니에 들어 있었던 물품 중에는 존 브라이트의 연설문이 담긴 신문 기사 스크랩이 있었다. 링컨은 왜 이 신문 기사를 스크랩해서 가지고 다녔을까? 가장 힘들 때 그를 칭찬한 존 브라이트의 연설이 그에게 큰 격려와 힘이 되었기 때문일 것이다.

비단 링컨뿐만 아니라 우리는 누구나 다 칭찬과 격려를 받기 원한다. 칭찬과 격려는 그것을 받는 사람에게 새로운 힘과 소망을 불어넣는 신비한 힘을 가지고 있다.

필자가 상담한 한 청소년이 말했다.

"엄마는 평소에는 말씀이 별로 없으시다가 제가 잘못한 것만 지적하세요. 아빠는 평소에도 안 좋은 상황에 대해서 먼저 얘기하세요. 제가 운동을 열심히 하면 '네가 그렇게 한다고 대회 나가서 상 탈 수 있겠냐?' 제가 시합이라도 나가면 '가서 오버하지 마. 오버하면 다치는 거야'라고 말씀하세요. 걱정해주시는 건 알겠지만 아빠는 일단 말의 시작부터 끝까지 부정적이에요."

상담사를 통해서 아들의 말을 들은 엄마는 이렇게 말했다.

"아들이 잘못할 때 저나 남편이 주의를 주고 지적은 많이 했지만 칭찬은 별로 없었던 것 같아요. 아이는 다른 사람과 시간 약속도 잘 지키고 정도 많아요. 제가 남편이랑 맞벌이를 해서 집안일을 돌보기가 어려웠는데, 아이가 자기 동생이랑 돌아가면서 설거지도

해줘서 고마웠어요. 그런데 고맙다는 말이나 칭찬은 잘 못했어요."

선물은 상대의 마음을 연다. 아이에게 칭찬과 격려는 일종의 선물이다. 이것을 아끼면 자녀의 마음이 점점 닫히게 된다. 아이에게 어떻게 칭찬과 격려라는 선물을 해줄 것인가? 미취학 아이라면 문제 행동을 보이다가 잘하려고 노력하는 모습을 보일 때마다 칭찬 판에 붙일 스티커를 주고 칭찬판 사용법도 안내해준다. 이렇게 칭찬하는 것도 어려워하는 부모가 적지 않다. 이런 부모가 아이가 학교에 들어간 이후 칭찬을 잘하기는 더 어렵다.

자녀가 학교에서 95점을 받아왔을 때 부모가 칭찬 대신 왜 한 문제를 틀렸냐고 야단을 친다. 아이가 다음 시험에는 열심히 공부해서 100점을 받았다. 부모님이 칭찬해줄 것이라 기대했는데 부모가 "너만 100점 맞은 게 아니라 옆집 아이도 100점 맞아왔다더라. 왜 진작 이렇게 하지 못했니?"라고 말한다. 아이가 칭찬을 받고 싶어서 계속 100점을 맞아오자 이제는 "네가 계속해서 100점을 받은 것을 보니까 선생님이 문제를 쉽게 냈나 보구나"라고 말한다.

이렇게 도무지 만족시킬 수 없는 부모와 살아야 하는 아이는 마음에 병이 생긴다. 그리고 자신의 병든 속마음을 들키지 않기 위해 괜찮은 척하며 살 수도 있다. 하지만 아이의 내면은 점점 지치고 병들어갈 것이고, 청소년이나 성인기에 접어들 무렵이면 학습된 무기력이나 우울증 증상을 보이게 될 것이다.

한편, 아이에게 "너 참 훌륭하다" "착하다" "정직하다"라는 식으로 말하면서 아이의 인격에 관해 평가하는 말은 칭찬이라기보다 아이에게 스트레스를 줄 수 있다. 이 말에는 무엇이 훌륭하고, 착하고, 정직하다는 것인지 구체적으로 드러나 있지 않다. 아이는 이런 말을 들을 때 자신이 과거에 잘못했던 일을 떠올리며, 자신이 그런 말을 듣기에 적합하지 않다고 느끼고, 오히려 부끄러워할 수 있다. 그러면 어떻게 해야 칭찬을 잘하는 것일까?

칭찬은 그저 담백하고 구체적으로 아이가 한 행동이나 과정에서의 노력을 알아주는 형식으로 하는 것이 좋다. "휴지를 줍는구나. 덕분에 바닥이 깨끗해졌네" "솔직하게 말해줘서 고맙구나" "그거 멋진 생각인데!" "약속을 지켜줘서 고마워" "너 참 열심히 하는구나."

때로 칭찬은 "이야" "오우" 등의 감탄사만으로도 충분할 때가 많다. 시험을 마치고 돌아온 아이에게 "시험 보느라고 힘들었지. 수고했어"라고 말해주면 아이는 힘이 난다. 시험을 본 아이에 대한 엄마의 관심이 묻어나기 때문이다. 시험 결과에 대한 얘기는 그 다음에 하는 것이 좋다.

부적응하는 아이에게는 세심한 칭찬이 필요하다. 아이의 아주 작은 노력을 찾아내서 인정해주자. 예를 들어 하루에 7시간 게임을 하는 아이가 일주일 안에 5시간으로 줄이겠다고 약속했다. 하지만 일주일 뒤에 알아보니 10분만 줄였다. 이럴 때는 아이가 약속을 지키지 못했다고 혼을 내기보다는 단 10분이었지만 아이가 약속을 지키려 노력했다는 사실을 알아주고 칭찬해주자. 그리고 점차 자신이 지킬 수 있는 약속을 하고, 그것을 책임 있게 더 잘 지킬 수 있도록 지속적으로 격려해주자.

칭찬만큼 중요한 것이 잘 혼내는 것이다. "네가 잘하는 게 뭐야. 이런 거 하나 제대로 못하면서"라고 말하는 것은 아이의 인격을 비난하는 것이다. 아이가 잘못해서 혼을 낼 때에는 아이의 존재나 인격이 아니라 잘못한 행동만을 구체적으로 나무래야 한다. "지난번에 아빠랑 약속한 거 안 지켰으니까 아빠도 너랑 약속한 대로 이번 주 용돈은 절반만 주겠다"라고 말하면서 잘못한 행동에 대한 합리적인 대가를 치르도록 하는 것이, 아이를 비난하고 혼내는 것보다 훈육에 더 효과적이다.

칭찬은 구체적으로, 야단은 합리적으로, 격려는 따뜻하게 해주자. 그러면 아이는 감정과 행동을 잘 조절하면서 실패에도 잘 일어나고, 매사에 자신감 있는 아이로 성장할 것이다.

감정은 어떤 현상이나 벌어진 일에 대해서 내 마음에 느껴지는 기분이다. 감정에는 1차 감정과 2차 감정이 있다. 1차 감정이 나의 의지나 선택과 상관없이 생겨나는 것이라면, 2차 감정은 사회적으로 학습된 경험과 해석 과정을 거쳐서 갖게 되는 감정이다. 화는 1차 감정이고, 욱하는 분노는 2차 감정이다. 분노의 감정 이면에는 대개 '존중받지 못했거나' '무시당했다는 생각'이 있다. 화가 나는 것은 어쩔 수 없지만 분노는 조절할 수 있다. 부모의 분노는 어린 시절부터 쌓여온 스트레스 때문인 경우가 많다. 분노를 조절하는 방법으로는 "타임아웃"을 외치며 호흡 조절 하기, 상황에 대해서 좀 더 알아보고 판단하기, 아이를 손님으로 생각하고 대하기 등이 있다.

chapter 6

부모의 분노 조절이
아이의 자존감을
지켜준다

부모의 '욱'이
아이의 자존감을 망가뜨린다

화가 나는 것은 잘못이 아니지만 욱하는 분노 폭발은 잘못이다.
이 같은 분노 폭발은 훈련을 통해서 조절할 수 있다.

욱하는 분노 폭발은
분명 잘못된 행동이다

감정은 '어떤 현상이나 벌어진 일에 대해 내 마음에서 느끼는 기분'이다. 감정은 자기도 모르게 생긴다. 감정에는 편안하고 유쾌한 기분을 느끼게 해주는 즐거운 감정과 속상하고 불쾌한 기분처럼 기분이 좋지 않게 느껴지는 감정으로 나눌 수 있다. 인간은 누구나 기쁨, 슬픔, 분노, 놀람, 역겨움, 두려움 같은 기본적인 감정을 느낄 수 있다. 감정에는 좋고 나쁨이 없다. 감정을 느끼는 것 자체는 잘못된 것이 아니다.

감정에는 1차 감정과 2차 감정이 있다. 1차 감정은 태어날 때부터 소유한 원초적인 것이다. 1차 감정에는 기쁨, 놀람, 두려움, 슬픔, 혐오, 화 같은 것들이 있다. 1차 감정의 생성은 포유 뇌의 편도체가 주로 관여한다. 사람이 1차 감정을 경험할 때는 보통 얼굴 근육이 다르게 변화하기 때문에 상대방이 쉽게 식별할 수 있다.

화는 누구나 경험하는 감정으로서 1차 감정이다. 1차 감정을 경험하는 것은 인간의 의지에 따른 것이 아니다. 따라서 1차 감정인 화를 느끼는 것은 잘못이 아니다. 보통 화는 자신이나 타인 혹은 무언가 소중한 것이 위험에 처했을 때 그것을 보호하기 위해 생기는 감정이다.

예를 들어 배가 너무 고프거나 잠을 못 잤을 때, 부당한 일을 겪거나 목격했을 때, 자신이 사랑하는 가족이 위험에 처할 때 화가 나는 것은 본능과도 같다. 이처럼 1차 감정은 생존이나 안전 혹은 불의를 막고 정의를 지키려는 데서 비롯되는 감정이다.

분노는 2차 감정이다. 2차 감정은 어떤 상황을 경험하고, 그것에 대해 해석하는 과정을 거친 다음 발생하는 감정이다. 그래서 이 감정을 학습된 감정 혹은 사회적 감정이라고도 한다. 전문가들에 따르면, 2차 감정은 생후 약 2년 이후에 사회적인 경험과 학습을 통해서 발전한다.

창밖에 내리는 비를 보고 한 사람은 어린 시절 빗길을 가르며 가족과 함께 여행을 떠났던 추억을 떠올린다. 옆에 있던 다른 사람은 어린 시절 비오는 날 아버지에게 두들겨 맞고 집에서 쫓겨났던 기억을 떠올린다.

전자는 '흐뭇한' 기분을, 후자는 '씁쓸한' 기분을 느꼈을 것이다. 비가 내리는 상황은 동일하지만 그것에 대해 어떤 생각을 가졌는지에 따라 다른 감정을 가지게 된 것이다. 이렇게 생각이라는 필터를 거쳐서 가지게 되는 감정을 2차 감정이라고 한다. 2차 감정으로는 긍지, 보람, 분노, 수치심, 죄책감 같은 것들이 있다.

1차 감정은 인간과 동물(특히 포유류와 영장류) 모두 가지고 있지만 2차 감정은 동물에게는 찾아볼 수 없고, 인간만이 가진 고유한 것이다. 2차 감정을 가지기 위해서는 인간의 고유한 능력인 생각을 통한 해석이 필요하기 때문이다. 정리하면 화가 나는 것은 동물과 인간 모두의 본능적인 반응이지만 욱하는 분노 폭발은 생각을 통한 해석적인 반응이다.

그렇다면 욱하는 분노 폭발의 이면에는 어떤 생각이 있는 것일까? 심리학자 프랭크 미너스Frank minirth 박사는 욱하는 분노에 대해 "타인으로부터 무시당하거나 자신이 무가치한 존재로 취급될 때 폭발하는 것"이라고 말했다. 그의 말처럼 분노는 자신의 가치나 욕구, 신념이라는 자기 보전의 감정이 거부당할 때 발생한다.

분노 감정을 자주 느끼는 사람일수록 심한 거절감을 경험한 경우가 많다. 그래서 거절감을 느낄 때마다 충동적으로 방어하고 공격하려는 분노를 느끼게 된다. 즉 욱하는 분노 폭발의 원인은 '존중받지 못했다는 생각' '무시당했다는 생각' 혹은 '거절당했다는 생각'이다.

분노하거나 욱하는 반응을 보일 때 우리 몸은 혈압이 상승하고, 심장 박동 수가 증가하면서 분노 감정에 연료를 공급하는 생화학적 아드레날린과 노라드레날린이 분출된다. 이것은 우리 몸이 분노의 감정에 따라 반응하는 생리적인 현상인데, 분노의 감정을 자주 느끼면 우리 몸과 마음에 스트레스 지수가 높아져서 피로와 불안이 증가한다.

또한 이때는 이성 뇌가 있는 상위 뇌보다는 생존 본능적이고 충동적인 하위 뇌에 피가 더 많이 몰리게 된다. 따라서 분노한 상태에서는 사리분별과 이성적인 판단이 어려워진다.

아이가 부모로부터 자신의 감정과 기분을 무시당했다는 생각에 분노를 자주 경험하면 분노 이외의 다른 다양한 감정을 경험하기가 어렵다. 그 결과 아이는 자신이나 다른 사람의 감정이나 기분을 정확히 파악하는 데 어려움을 경험하게 된다. 이런 아이는 자신의 감정을 솔직하게 표현하는 것을 두려워하면서 말을 안 하거나 한참 동안 쌓아둔 화가 통제하기 어려운 공격적인 분노로 폭발하곤 한다. 이런 아이의 태도는 타인의 기분이나 감정을 인정하지 않고 무시하려는 모습으로 비쳐져서 교우관계 형성에 어려움을 겪을 수 있다. 그렇다면 욱하는 분노 폭발을 줄일 수 있는 방법은 무엇일까?

'욱'은 훈련으로
조절할 수 있다

욱하는 분노 폭발은 학습과 훈련을 통해서 조절할 수 있다. 먼저 화가 난 상황에 대해서 좀 더 알아보는 것이 도움이 될 수 있다. 그러면 상황에 대한 이해와 공감의 마음이 생기고, 이것이 분노폭발을 막는 소화기 역할을 해줄 것이다.

예를 들어보자. 지하철에서 아이가 큰 소리로 고함을 치고 울면서 가만히 앉아 있지 못하고 지하철 안을 돌아다닌다. 옆에 있는 누구도 아이를 제지하지 않는다. 지하철에 있던 사람들은 부모에게 비난의 눈초리를 보낸다.

한 여성 승객이 부모에게 다가가 아이가 조용히 할 수 있게 해달라고 말하자 부모는 울먹이며 말한다.

"지금 병원에 다녀오는 중입니다. 아이가 뇌종양 말기라네요. 3개월 시한부 선고를 받았어요. 아이가 지금 머리가 아파서 가만히 있질 못합니다. 죄송합니다. 다섯 정거장만 더 가면 내립니다. 양해 부탁드려요."

이 말을 들은 여성 승객은 우는 엄마의 손을 잡고 함께 울기 시작한다. 사연은 지하철 안에 퍼지고 여기저기서 눈물을 훔치는 사람들이 늘어난다. 이제는 누구도 아이를 제지하거나 부모에게 비난의 눈초리를 보내지 않는다. 뛰어다니는 아이를 말리지 못하는 부모의 마음이 이해되고 공감되었기 때문이다.

일상에서 가능한 방법은 화가 분노로 폭발할 것 같을 때 일단 스스로에게 '타임아웃(분노의 감정이나 분노하게 되는 장소로부터 떠나 스스로 자신을 조절하는 시간을 갖는 것)'을 선언하고, 자신이 분노하게 된 상황에 대해 더 알아보는 것이다. 이를 통해 분노로 흥분했던 몸과 마음이 차분해지고, 상황이나 상대의 입장을 더 이해하는 기회를 가질 수 있다. 예를 들어보겠다.

1단계 : 남편이 전날 회사에서 야근을 해서 월차를 쓰고 낮잠을 자고 있는
　　　　데, 누군가가 자신을 건드려서 깼다.
2단계 : 남편은 아내에게 아이가 건드려서 자신이 깨지 않도록 해달라고 요
　　　　청했다. 하지만 지켜지지 않았다는 생각에 무시당한 기분이 들었다.
3단계 : 남편은 욱하고 분노가 폭발했다.

이 상황에서 '타임아웃'과 '좀 더 상황에 대해서 알아보기'로 대처한다면 어땠을까? 누군가 자신을 건드려서 잠을 깬 상황에서 남편은 욱하고 분노를 폭발하는 대신 스스로에게 먼저 '타임아웃'을 외치며 호흡을 조절했다. 그리고 차분하게 상황에 대한 정보를 더 확보하려 시도했다. 남편은 아내에게 상황 설명을 요청했다. 아내는 남편의 요청대로 아이에게 주무시는 아빠를 건드리지 말라고 말했다. 아이는 알겠다고 말했고 그 말을 지켰다. 그럼 누가 남편

을 건드려서 깨운 것일까?

아내가 전화 통화를 하는 사이에 강아지가 방에 들어가 잠든 남편을 건드렸다. 강아지가 방에 들어갈 때 아이는 강아지가 방에 들어가지 못하도록 붙잡으려 했지만 이미 아빠를 건드리고 난 뒤였다. 남편이 눈을 떴을 때는 강아지는 침대 밑에 들어가 있었고, 강아지를 붙잡기 위해서 뒤따라온 아이만 보였다. 그래서 남편은 아이가 건드린 것으로 오해한 것이다. 아이와 아내에게 욱하고 화를 폭발한 것이다.

상황 설명을 들은 남편은 화가 풀렸고, 아내와 아이를 오해한 것이 미안해졌다. 방문을 제대로 닫지 않고 잠을 잔 자신에게도 책임이 있다며 반성했다.

물론 이 사례에서처럼 상황에 대해서 더 알게 된다고 해서 오해가 풀리거나 이해하게 되는 경우보다 그렇지 않은 경우가 더 많을 것이다. 그럼에도 불구하고 이 방법이 효과가 있는 이유는 첫째, 당신이 '타임아웃'을 선언하고 호흡 조절을 하면서 욱하지 않았기 때문이다. 둘째, 당신이 상황에 대해 더 알아보는 과정에서 오해가 풀릴 수 있는 기회를 얻었기 때문이다. 모르고 오해해서 욱했지만 전후 사정을 알고 이해하게 되면서 하지 않을 수 있었다.

부모의 분노는 어린 시절부터
쌓여온 스트레스 때문이다

부모의 분노는 어린 시절부터 쌓여온 스트레스 때문이다.
부모의 쌓인 스트레스는 어떻게 해서든지 풀어야 한다.

어린 시절부터 쌓여온 스트레스가
분노의 원인이다

2개의 물병이 있다. 한 병에는 탄산이 들어 있고, 다른 병에는 생수가 들어 있다. 겉으로 볼 때는 각각의 병에 무엇이 들어 있는지 구별할 수 없다. 하지만 이 두 물병의 차이는 흔들었을 때 두드러진다. 일단 두 병을 흔들고 뚜껑을 열면 탄산이 들어 있는 병에서는 물이 차올라 흘러내릴 것이고, 생수가 들어 있는 병은 아무리 흔든 다음이라도 물이 흘러넘치지 않을 것이다.

여기서 탄산이 들어 있는 병은 스트레스가 누적된 사람이고, 생수가 들어 있는 병은 그렇지 않은 사람에 비유할 수 있다. 이 둘은 평화로울 때에는 차이가 없다. 하지만 '흔들리는 경험', 즉 스트레스를 받는 경험을 하면 차이가 드러난다. 스트레스가 누적된 사람은 흔들린 탄산수의 뚜껑일 열릴 때처럼 욱하고 분노를 터트릴 수 있다.

연구 결과에 따르면 성인기에 경험하는 분노와 불안의 80% 정도가 어린 시절부터 풀지 못한 스트레스 때문이라는 말이 있다. 부모가 어린 시절에 풀지 못하고 쌓아온 스트레스는 우울증에 빠지거나, 배우자나 자녀에게 분노를 폭발하는 원인이 된다. 따라서 어린 시절부터 묵은 스트레스를 풀어야 덜 우울하고 덜 욱하게 된다.

무엇이 어린 시절부터 쌓이는 스트레스 감정이 되는가? 어린 시절에 겪은 트라우마, 부모의 가혹한 말, 폭력이나 무관심 혹은 존중받지 못했던 기분들이 쌓이고 해소되지 않은 것이 스트레스가 된다. 이렇게 어려서부터 쌓인 상처와 스트레스는 어떤 형태로든 성인기에 영향을 미친다. 즉 부모의 원 가족으로부터 받은 감정적인 상처가 풀리지 않은 스트레스 감정이 되어 현재의 가족을 향해 터뜨리는 분노가 될 수 있다.

공무원인 아빠는 술만 먹으면 엄마와 고등학생인 자신(딸)에게 욕을 하고, 집의 기물을 파손하고, 엄마에게 폭력을 행사했다. 엄마와 딸은 아빠와 더 이상 같이 사는 것이 어렵겠다고 판단했다. 아내가 고민 끝에 이혼을 제의했는데, 가정이 깨지는 것을 걱정한 딸이 부모님을 설득해서 가족이 함께 상담에 참여하게 되었다.

아빠는 상담센터에 가면 자신이 잘못했다며 꾸지람을 들을 것 같아서 오기 싫었다고 했다. 그래서 한 번만 가고 말아야지 하는 마음으로 왔다고 했다. 그런데 예상과는 달리 상담사가 자신의 잘못을 타박하지 않았다. 오히려 자신의 행동이 어린 시절 경험과 관련이 있어 자신 역시 가해자이기 이전에 피해자일 수 있다는 말을 들으면서 마음이 조금씩 열리기 시작했다. 그러던 어느 날, 아빠는 자신이 초등학교 시절에 겪었던 에피소드 하나를 들려주었다.

자신은 초등학교 4학년이었고, 밑으로 남동생과 여동생이 있었다. 어머니와 아버지는 사이가 안 좋아서, 어머니가 밖으로 돌아다니곤 하셨다. 어머니가 집에 안 계시니까 아버지가 술을 자주 드시고 큰아들인 자신을 번번이 혼내셨다.

한번은 아버지가 급전이 필요하다며 집에서 키우던 개를 이웃 마을 지인에게 파셨다. 자신이 늘 밥을 챙겨주고 산책을 시켜주던 가족 같은 개였다. 자신에게 물어보지도 않고 개를 팔아버린 아버지에게 너무 실망하고 화가 났다. 아버지는 그런 자신의 마음은 아랑곳없이 이웃 마을에 가서 판 개의 목줄을 받아오라고 했다.

개의 목줄을 받으러 이웃 마을의 집에 들어가다가 개가 나무에 매달려서 맞아 죽는 장면을 목격하게 되었다. 그 장면을 보고 너무 놀랐고 개가 불쌍했다. 그냥 집으로 돌아오고 싶었지만 만약 개의 목줄을 받아가지 않으면 아버지에게 맞을 것 같아서 울면서 기다렸다가 목줄을 받아 겨우 집에 왔다. 아버지에게 "우리 개 잡아 먹으라고 판 거예요?" 하며 따졌다. 그러자 아버지는 "쓸데없는 소리 하지 말고, 목줄 여기 걸어놓아라"고 윽박지르셨다.

그 뒤로 아무에게도 말하지 못하고 속앓이를 했다. 답답하고 고통스러운 마음에 술을 배우고, 많이 마시고, 친구와 싸우고, 결혼해서는 아내에게 화풀이를 하고, 자녀들에게 욕을 하고 물건을 집어던지게 되었다.

이 이야기를 마치고 남편은 아내에게 "내가 이것 때문에 그렇게 술을 마시는 거야"라고 말했다. 아내는 남편의 이런 사연을 처음 듣는다고 했다. 남편의 반복되는 '욱'의 원인이 어린 시절의 경험과 그동안 쌓인 스트레스라는 것을 알게 되었다.

시간이 지난다고
저절로 풀리지 않는다

낙타의 분노는 어떻게 해서든지 풀어줘야 한다. 낙타는 물을 먹지 않고도 모래사막을 여행할 수 있다. 하지만 성질이 고약한 낙타는 한번 화가 나면 반드시 앙갚음을 해야 직성이 풀린다. 낙타몰이꾼들이나 낙타를 자주 이용하는 사람들은 이런 낙타의 성질을 잘 알고 있기 때문에 사람을 다치지 않게 하면서도 낙타의 기분을 누그러뜨리는 흥미롭고 재미있는 방법을 생각해냈다. 예를 들면 낙타몰이꾼이 어떤 이유로든 낙타를 화나게 했을 경우 그는 곧바로 낙타 눈에 띄지 않는 곳으로 달아난다. 그리고 낙타가 지나갈 길목에 숨은 다음 잠자는 듯한 사람 모양의 무더기를 만들어 그 위에다 자신이 입고 있던 옷가지를 벗어 덮어둔다.

이윽고 낙타가 다가와 무더기에 덮여 있는 옷가지에서 자기에게 해를 입힌 사람의 냄새를 맡는다. 그러고는 곧장 무더기로 달려들어 닥치는 대로 잡아 흔들고 밟아 뭉개고 나서야 만족해 그 자리를 떠난다. 그러면 낙타몰이꾼은 숨은 곳에서 나와 앙갚음을 끝낸 낙타를 타고 목적지까지 간다.

(『느낌이 있는 이야기』 27쪽)

반드시 화난 것을 앙갚음하는 낙타처럼 쌓인 스트레스는 시간이 지난다고 저절로 풀리지 않는다. 어떻게 해서든 풀어야 풀린다. 어떻게 풀 수 있을까?

앞의 예에서 스트레스가 누적된 사람을 탄산수에 비유했다. 이런 사람이 '흔들렸을 때', 즉 욱하게 될 때는 뚜껑을 바로 전부 열지 말고 일단 조금씩 열면서 탄산을 먼저 빼주자. 이것은 어른을 위한 '타임아웃'을 하는 것이다. 차분해지는 시간을 가진 다음 어느 정도 '탄산'이 빠진 다음에 뚜껑을 연다면 욱하거나 분노를 폭발하는 일이 크게 줄어들 것이다.

한편, 부부간에 혹은 부모 자녀 간에 '타임머신 대화'로 풀어보자('타임머신 대화'는 이마고 관계 치료로 유명한 미국의 하빌 헨드릭스 Harville Hendrix 박사 부부가 개발한 이마고 대화법 중 부모 자녀 대화법을 필자가 별칭한 것이다). '타임머신 대화'는 부부가 서로의 어린 시절로 돌아가서 한 사람은 어린아이로 한 사람은 그 당시의 부모의 역할을 하면서 대화하는 일종의 역할극이다(부모 자녀의 경우에는 부모와 자녀가 대화하고 싶은 과거의 시기로 돌아가서 그 당시 상황에서 대화를 나누는 것이다. 이때 중요한 것은 말을 들어주는 사람이 따뜻하게 경청해주는 것이다. 이 대화의 목적은 과거의 상처를 치유하는 것이기 때문이다). 앞서 '어려서 개의 목줄을 받아 온 아빠' 사례에서 남편과 아내에게 이 '타임머신 대화'를 시행했다.

남편이 초등학교 4학년으로 돌아가서 아버지에게 힘들었던 심정을 토로하는 형식의 대화였다. 남편은 초등학교 4학년 아이가 되어서 말하고, 아내는 남편의 초등학교 4학년 당시 아버지 역할을 하면서 경청해주었다. 남편은 어린 시절로 돌아가서 아버지에게 하고 싶었던 말을 눈물, 콧물을 펑펑 흘리면서 말했고, 아버지 역할을 한 아내는 그런 남편의 말을 듣고, 남편의 차가웠던 그 당시 실제 아버지와는 다르게, 따뜻하고 차분하게 남편이 한 말을 그대로 반복해주고, 남편 입장에서 인정해주며, 남편이 그 당시에 느꼈을 만한 감정을 2~3개 정도 읽어주었다.

이날의 상담 이후부터 남편의 음주와 폭력 행동이 거짓말처럼 사라졌다. 이날의 '타임머신 대화'가 성공적일 수 있었던 것은 남편이 어린 시절로 돌아갔을 때 상처받았던 기억을 솔직하게 말하고, 아빠 역할을 해준 아내는 그런 어린 시절의 남편의 말을 경청하면서 따뜻하게 공감했기 때문이다.

특히 아내의 경청이 남편의 어린 시절 상처를 치유하는 데 중요한 역할을 했다. '힐링(치유)'은 들어주는 사람의 태도에 달려 있기 때문이다. '타임머신 대화'를 통해서 아내가 남편의 말을 잘 들어주고(반영), 남편의 입장에서 인정해주고(인지적 공감), 남편의 욱하는 분노 폭발(이차 감정) 이면의 일차감정(무시당한 기분, 좌절감, 무력감, 배신감)을 읽어주자(정서적 공감) 남편은 이해받는 기분이 들어서 그간 쌓였던 분노 에너지가 해소된 것이다('타임머신 대화'에 사용된 '반영' '인지적 공감' '정서적 공감' 등에 관해서는 본서 7장을 참고하기 바란다).

이 가족에 대한 상담을 마치고 2년이 지났을 무렵, 처음에 상담을 신청했던 딸에게서 연락이 왔다. 상담 후기를 보내주고 싶다고 했다. 제목은 "상담의 효과가 2년간 지속되고 있어요"였다. 가족 상담 이후 아빠는 분노를 조절하는 사람으로 변했고, 그 변화가 지난 2년 동안 지속되었을 뿐만 아니라 아빠가 이런 사람이었나 싶을 정도로 가족 간에 유머와 대화가 늘어났다고 했다.

부모의 분노를 효과적으로
조절하는 방법 5가지

화나는 것은 선택할 수 없지만 화내는 방식은 선택할 수 있다.
생각하는 방식을 바꾸면 분노를 조절할 수 있다.

화가 날 수는 있지만
욱하는 것은 문제가 있다

화가 분노로 발전해서 욱하는 반응을 한 다음 겪는 일은 대부분 후회다. 시행착오로 넘길 만한 후회도 있지만 돌이킬 수 없이 '뼈저리게 겪게 되는' 후회도 있다. "위험danger에서 한 치 모자라는 것이 화anger"라는 미국 속담도 있다.

화가 나는 것은 나의 선택이 아니더라도 화를 표현하는 방식은 스스로 선택할 수 있다는 것을 알아야 한다. 화가 분노로 키지지 않도록 선택할 수 있는 방법에는 어떤 것들이 있을까?

첫째, 화가 나서 분노로 발전할 것 같을 때 마음속으로 "멈춰"라고 외치며 일단은 참자. 최소한 6초는 가만히 있어보자. 화가 났을 때는 최소한 6초 이상 가만히 있으면 뇌가 차분해진다. 그 다음에 무슨 일이 일어났고(상황), 자신이 그 상황을 어떻게 받아들이고 있으며(생각), 그래서 어떤 일차적인 감정을 갖게 되었는지 알아보면서 대응책을 모색해보자.

말썽쟁이 아이 때문에 화를 심하게 내는 어떤 부모가 정신과 의사를 찾아갔다. 의사가 자초지종을 듣고는 노란 물약이 든 큰 통을 하나 건네주며 말했다.

"만약 아이 때문에 화가 치솟거든 이 물약을 세 숟가락씩 꼭 드시기 바랍니다. 그러나 반드시 입 속에 1분 동안 머금은 후에 삼켜야 합니다. 그러면 큰 효과를 볼 것입니다."

부모는 의사 말대로 화가 나면 물약을 마셨다. 물약을 먹고 3분이 지나니 신기하게도 마음이 가라앉았다. 그리고 얼마 후에 약이 떨어지자 다시 의사를 찾아가서 약을 더 조제해달라고 했다. 그러자 의사는 이렇게 대답했다.

"사실 그 약은 설탕물입니다."

부모는 그 설탕물을 먹고, 한번에 1분씩 총 3분을 기다리는 동안 분노를 삭일 수 있었고, 화가 분노로 치닫는 것을 막을 수 있었던 것이다.

둘째, 화가 나는 것은 괜찮다. 하지만 화가 욱이나 분노 폭발로 이어지는 것은 잘못이라는 것을 인정하자. 그럼에도 불구하고 분노를 폭발하게 될 때에는 다음 3가지 지침을 기억하고 따르자. 화가 분노가 되어도 나 자신을 해치지 않으며, 다른 사람을 다치게 하지 않으며, 물건을 부수거나 던지지 않는다.

셋째, 자신의 감정을 글이나 말로 표현해보자. 자신의 감정을 말이나 글로 표현하는 작업이 감정적인 스트레스와 분노 조절에 도움이 된다.

신뢰할 만한 사람에게 화가 난 감정에 대해 말할 때 감정 뇌인 편도체가 흥분을 가라앉히면서 분노를 조절하는 이성 뇌의 전전두엽이 활성화될 수 있다. 글을 쓰는 일은 감정을 객관적으로 표현함으로써 자신의 감정에 직면하게 하므로 이를 통해 스트레스를 줄일 수 있다.

분노의 감정에 휩싸이면 생각과 감정이 구분되지 않고 온통 감정적이 되기 쉽다. 이때 생각과 감정을 구분해서 글이나 말로 표현하면 나의 분노를 더 잘 조절하면서 풀 수 있다. '나' 전달법은 자신의 생각이나 감정을 '나'를 주어로 표현하는 것이다. 분노의 감정이 있었던 상대에게 '나' 전달법으로 대화를 시도할 때 불편했던 관계가 좀 더 효과적으로 풀리는 것을 기대해볼 수 있다(7장 참조). 분노의 감정이 있었던 대상에게 이렇게 '나' 전달법으로 차분하게 표현하면 상대와의 불편했던 관계기 좀 더 효과적으로 풀리는 것도 기대해볼 수 있다.

생각하는 방식을 바꾸면
분노를 조절할 수 있다

넷째, 아이를 내 소유가 아닌, 손님으로 생각하고 대해보자. 상대를 누구로 인식하느냐에 따라 나의 생각과 태도는 완전히 달라진다. 부모가 아이를 '손님'으로 생각하는 태도를 연습하면 아이에게 화가 날 때 욱하는 분노를 줄일 수 있다.

예를 들면 다음과 같다. 모처럼 가족이 함께 나들이를 나왔다. 아이는 공원에서 빌린 장난감 자동차를 타면서 핸들을 왼쪽으로, 오른쪽으로 움직이며 정신이 없다. 아빠가 차분하게 놀라고 해도 아이가 말을 잘 듣지 않자 엄마와 아빠는 모두 짜증이 났다. 아빠가 갑자기 불같이 소리를 지르며 화를 낸다. 아이는 놀라고 겁이 나서 울기 시작한다. 엄마는 "왜 아이에게 소리를 질러요" 하며 화를 낸다.

이때부터 아빠와 엄마는 말다툼을 시작한다. 부모가 싸우는 사이 겁먹은 아이는 위축된 마음에 놀고 싶은 마음이 사라졌다. 조금 시간이 지나자 남편은 자신이 욱했던 행동이 부끄러워지기 시작한다. 하지만 이미 쏟아진 물이다. 그날 가족 야유회는 엉망이 되었다.

한편 아빠인 당신은 자동차 전시장의 점장이다. 저녁에 한 가족이 차를 보러 왔다. 남편은 SUV를 보자고 하고, 아내는 세단을 보자고 하며 옥신각신한다. 그 사이 같이 온 아이 둘은 그 옆에 새로 나온 스포츠카가 멋있다며 핸들을 왼쪽으로, 오른쪽으로 움직이며 놀아서 정신이 없다. 당신이 아이들에게 가서 스포츠카 운전석에 앉으면 안 된다고 타일렀지만 아이들은 아랑곳하지 않는다. 당신은 슬슬 짜증이 나면서 화가 올라온다. 이때 당신은 아이들에게 욱하고 분노를 폭발할 수 있는가? 당신은 화가 났지만 욱하지 않았다. 당신은 아이들에게 차분하게 웃으면서 말하며 아이들이 차에서 내려올 수 있게 도왔다.

가족 야유회에서 당신의 자녀가 장난감 자동차를 타고 '정신없이' 놀 때와 직장에서 아이들이 전시중인 차에 타서 마음대로 행동할 때의 공통점은 아이들의 행동에 당신이 화가 났다는 것이다. 그런데 당신은 자녀에게는 욱하고 화를 냈지만 전시장의 아이들에게는 웃으면서 차분하게 반응했다. 이 차이는 어디서 비롯되었는가? 당신이 아이를 누구로 인식했는지에 따라 반응은 달라진다. 당신이 아이에게 욱하지 않을 수 있었던 것은 아이를 '손님'으로 인식하고 대했기 때문이다.

여섯째, '~해야 한다'는 당위적인 생각을 '좀 더 알아보고 판단하자'는 유보적인 생각으로 바꿔보자. 당신이 만약 아이에게 쉽게 화를 내는 편이라면 자신이 '~해야 한다'는 당위적 사고를 자주 하지는 않는지 생각해보자. 예를 들어보자.

> 상황 1 : 아이가 게임을 오랫동안 하고 있을 때 당신의 생각이 "시간을 낭비하면 안 돼"라면, 당신의 감정은 "아, 열 받아!"일 것이다.
>
> 상황 2 : 아이가 당신의 말을 안 들을 때 당신의 생각이 "부모 말을 안 들으면 안 되지"라면, 당신의 감정은 "아, 열 받아!"일 것이다.
>
> 상황 3 : 아이가 자기 친구를 때렸을 때 당신의 생각이 "다른 사람을 때리면 안 되지. 잘못됐어"라면, 당신의 감정은 "아, 열 받아!"일 것이다.

이처럼 당위적 사고는 '예외 없이 그렇게 해야 한다'는 엄격한 규칙이나 기준을 아이에게 적용하는 것으로서 아이가 그에 미치지 못할 때마다 분노가 치민다.

한편, '좀 더 알아보고 판단하자'는 유보적인 생각은 부모가 아이의 입장에서 좀 더 알아보고 이해하려는 노력이며 공감과 배려로 이어질 수 있다. 그 과정은 다음과 같다.

① 아이가 경험한 상황(사연)을 좀 더 알아보자(Get the fact).

② (알아본 내용에 따라서) 상황에 대해 생각해보자(Analyze it).

③ 그에 따라 반응을 한다(Act upon it).

  (데일 카네기의 『인간관계론』 참조)

예를 들면 다음과 같다.

〈상황 1〉 아이가 게임을 오랫동안 할 때

① 아이가 저렇게 게임을 오래하는 이유가 뭘까? 아이에게 물어보
   거나 배우자와 대화하면서 알아본다.

② 부모가 같이 놀아주는 시간이 부족하구나. 행동에 가이드가 될
   만한 생활계획표가 없구나.

③ 주말에는 반나절이라도 아이와 같이 노는 시간을 가져야겠다.
   아내와 협의해서 생활계획표를 짜주고 잘 지키면 보상, 안 지
   키면 용돈과 게임 줄이기를 시행해야겠다.

〈상황 2〉 아이가 말을 안 들을 때

① 아이가 말을 안 듣는 이유가 뭘까? 아이의 말을 경청해본다.

② 아이가 마음에 쌓인 분노가 있구나. 그걸 풀어주지 못했구나.
   사과하지 못했구나.

③ 아이의 말을 반영하고 공감한 후에 사과해야겠다.

〈상황 3〉 아이가 자기 친구를 때렸을 때

① 아이가 왜 자기 친구를 때렸을까? 왜 저런 잘못된 행동을 했을
   까? 아이에게 물어보고 얘기를 나눈다.

② 부모인 내가 예전에 아이를 때린 행동에서 배웠구나.

③ 내가 예전에 아이를 때린 것에 대해서 아이에게 사과해야겠다.
   아이에게 때리는 것은 잘못이라고 잘 말해줘야겠다.

부모가 당위적 사고에 익숙해 있으면 아이의 행동 이면의 상황(사연)을 알아보기 전에 "그러면 안 되지" 하면서 욱하기 쉽다. 반면에 아이의 행동 이면에는 어떤 이유(예: 욕구 불만이나 스트레스)가 있을 수 있다는 생각을 가지고, 부모가 좀 더 알아보고Get the fact, 생각하고Analyze it 그에 따라서 적절하게 대처하면Act upon it 부모의 '욱'이 줄어들 뿐만 아니라 아이의 입장에서 필요한 도움을 더 잘 파악하고 제공할 수 있다.

스포츠와 싸움의 차이는 규칙의 존재와 그것을 지키는지의 여부다. 스포츠에는 규칙이 있지만 싸움에는 규칙이 없다. 대화는 규칙에 따라 주고받으며 즐기는 스포츠다. 대화의 규칙은 한 사람이 말할 때 다른 사람은 경청하는 것이다. 말하는 사람은 '나' 전달법으로 안전하게 말한다. 듣는 사람은 상대의 말을 중간에 끊지 않고 말의 내용을 잘 이해하면서 듣는데, 이것이 경청이다. 경청의 과정에는 상대의 말을 그대로 반복하거나 요약해주는 '반영', 상대의 입장에서 인정하고 이해하려는 '인지적 공감', 상대의 심정을 감정 단어로 읽어주는 '정서적 공감' 그리고 질문하고 제안하면서 조율하는 상호작용이 포함된다.

★

chapter 7

우리 아이를
튼실하게 키우기 위한
안전 공감 대화법

대화는 규칙과 연습이
필요한 스포츠다

대화는 스포츠처럼 규칙이 필요하다.
대화를 즐기려면 규칙에 따라 반복적으로 연습해야 한다.

대화에는
규칙이 필요하다

"막상 시간이 있어 같이 있게 돼도 딱히 할 말이 없어요"(어느 직장인). "아빠가 좋아하셔서 초등학교 때 가족이 캠핑을 자주 다녔어요. 캠핑은 재미있었지만 가족 간에 대화는 별로 없었어요"(부모가 서먹한 20세 청년).

김대현 한국가정문화연구소 소장은 "대화하는 법을 배우지 못한 채 부모가 된 이들은 자녀들과 대화하면서 자신도 모르게 상처를 대물림하게 된다"고 말한다. 가족 간의 소통에서 나타나는 현상은 자신이 부모나 양육자로부터 경험한 소통 방식을 자식이나 배우자에게 다시 반복한다는 것이다. 부모 자신이 경험한 소통 방식이 비난, 평가, 짐작같이 '안전하지 못한' 것이었다면, 자녀와의 소통 과정에서 습관적으로 그런 방식이 나온다면 대화가 어려워지는 것은 당연하다.

대화는 어떻게 해야 할까? '대화한다'는 것은 무엇을 의미하는가?

멀리서 두 사람이 치고받고 있다. 싸우는 것처럼 보인다. 이들은 싸우는 걸까? 아니면 권투를 하는 걸까? 이들이 싸우는 것인지 권투를 하는 것인지를 가늠하는 기준은 권투 글러브나 마우스의 착용 여부가 아니다. 그들이 규칙을 지키면서 치고받는지 여부다. 아무리 링 위에서 권투 글러브를 끼고 치고받는다고 해도 규칙 없이 서로 욕을 하고 발길질이나 꼬집기를 한다면 그냥 싸움이다.

반면에 권투의 기본적인 규칙을 지키면서 심판의 입회하에 경기를 치른다면 그것은 권투라는 스포츠 경기를 하는 것이다. 이처럼 스포츠와 비 스포츠의 차이는 규칙과 그것을 지키는 '스포츠맨십'의 유무로 알 수 있다. 즉 스포츠를 즐기기 위해서는 규칙에 따라 공정하고 안전하게 게임에 임해야 한다.

사람과 사람 간의 의사소통도 규칙 없이 감정적으로 치고받으면 싸움이고, 규칙을 지키면서 안전하게 주고받으면 대화다. 대화는 규칙을 가지고 안전하게 주고받는 스포츠인 것이다. 가족 간에 소통이 안 되는 이유는 대화라는 스포츠를 즐기기 위한 규칙이 없거나, 있다고 해도 잘 지키지 않기 때문이다.

대화라는 스포츠를 즐기기 위해서는 규칙이 없이 감정적이고 습관적으로 주고받았던 소통 방식을 개선해야 한다. 그러기 위해서는 대화를 위한 규칙과 그것을 반복하는 연습이 필요하다.

대화의 규칙은 '한 사람이 안전하게 말할 때 다른 한 사람은 경청해서 들어주는 것'이다. 말하는 사람은 주어를 '너'가 아니라 '나'로 시작하는 '나' 전달법을 사용해서 안전하게 말한다('나' 전달법에 관해서는 다음 장에서 다룬다). 더불어 부모가 대화를 독점하지 않고, 아이를 비난하거나 아이의 친구와 비교하지 않고, 가급적 한 번에 한 가지 주제에 대해서만 말한다.

듣는 사람은 말하는 사람의 말을 경청한다. 경청한다는 것은 무엇일까? 오래전 필자가 유학 준비를 위해서 서점에 영어책을 사러 갔을 때의 일이다. 그때 어렴풋한 기억으로 『영어의 히어링hearing 실력이 좋아지는 법』이라는 책 제목을 보았다. 필자는 이 책의 제목을 보고 눈을 의심했다. 히어링은 '청력'을 의미하는 영어 단어로서 이 책의 제목대로라면 '청력을 높이는 데 도움을 주는 책'이라는 의미가 되기 때문이다. 영어로 표현된 음성을 잘 이해하고 해석할 수 있는 능력이라면 리스닝listening이라고 써야 맞다. 그러므로 이 책의 제목은 『영어 리스닝listening 실력이 좋아지는 법』이라고 해야 맞는 표현이었을 것이다.

이처럼 히어링hearing과 리스닝listening은 다르다. 히어링이 '그냥 들리니까 듣는 것'이라면 리스닝은 '상대가 하는 말을 잘 알아듣고 이해하는 것'이고, 이것이 '경청'이다. 우리가 일상생활에서 '경청' 한다고 말하지만 실은 그냥 '듣는' 경우가 얼마나 많은가? "나 지금 잘 듣고 있어"라고 말하지만 실은 상대가 말하는 동안 잘 듣지 않고 다른 생각을 한다면 상대의 소리를 듣는 것일 뿐, 상대가 하는 말을 이해하면서 듣는 경청은 아니다.

경청의 과정에서 중요한 것은 한 사람이 말할 때 듣는 사람은 말하는 사람의 말을 중간에 끊지 않고 끝까지 잘 들어주는 것이다. 다음 예를 보자.

진영 : "아빠, 오늘 학교에서 친구랑 싸웠는데요…"

아빠 : "뭐? 친구랑 왜 싸워?"

진영 : "지우개를 빌려달라고 했는데, 안 빌려줬거든요. 지금도 그 일을 생각하면 정말 속상해요. 글쎄, 진영이가 내 지우개를 조각조각 잘라 놓은 거 있죠?"

아빠 : "그깟 지우개 빌려주지, 왜 안 빌려줬어? 그러니 친구가 화났겠지."

진영 : (아빠는 내 얘기를 끝까지 듣지도 않고 나만 나무랐어. 진영이가 저번에 내 지우개를 망가뜨린 것도 모르면서.)

아빠 : "내일 학교 가서 먼저 사과해. 알았지? 왜 대답이 없어?"

진영 : "네." (아빠가 윽박지르는 바람에 억지로 대답했어. 하지만 난 사과하지 않을 거야. 진영이는 뭐든지 빌려 가면 잃어버리거나 망가뜨리거든. 아빠는 잘 알지도 못하면서. 아빠는 내 마음도 모르고.)

『아빠는 내 마음을 알까?』

이 예에서 아빠와 아이 사이에 대화가 잘 안 되고 있다. 왜 그럴까? 아이의 말을 아빠가 중간에 끊고는 아이 친구의 편을 들면서 아이를 나무랐기 때문이다. 아빠와 아이의 '주고받기'가 대화가 되기 위해서는 아이가 말할 때 아빠가 아이의 말을 끝까지 들어주는 것이 무엇보다 중요하다.

혹시 아이의 말이 너무 길어져서 끝까지 듣기가 어려우면 손짓 등으로 말을 좀 멈춰달라고 요청한다. 그것이 통하지 않는다면 "지금까지 한 말 내가 잘 들었는지 말해볼까?"라고 말하면서 우회적으로 아이나 상대의 말에 쉼표를 찍는다.

규칙에 따라 반복적으로
연습하는 것이 중요하다

대화는 '주고받는 것'이다. 마치 탁구를 칠 때 한쪽이 공을 치면 다른 쪽은 그 공을 잘 받아서 치는 것과 다르지 않다. 부모와 아이가 둘 다 말하거나, 둘 다 말하지 않는다면 대화가 아니다. 대화를 잘하기 위해서는 규칙에 따라서 반복적으로 연습해야 한다. 대화가 규칙에 따라서 성공적으로 반복되기 위해서는 안전하게 말하고, 경청을 통해 편안하게 수용받는 분위기가 필요하다.

말하기에 관해서는 부모가 말을 할 때 혼자만 오랫동안 말을 하면서 대화를 독점하고, 아이를 비난하거나 친구와 비교한다면 아이는 주눅이 들거나 상처를 받고 마음의 문을 닫을 수 있다. 듣기에 관해서는 부모가 아이의 말을 어떻게 들어주느냐에 따라 마음의 문을 닫을 수도 있고, 말하는 것에 자신감을 얻고 신이 나서 더 말을 할 수도 있다. 아이가 말을 더듬는 이유 중 하나는 부모에게 평가받은 기억에 대한 두려움과 불안감 때문인 경우가 많다.

미국에서는 말을 더듬는 아이들을 치유하는 방법 중 하나로 도서관에서 아이의 이야기를 들어주는 개를 활용하는 경우가 있다. 개에게 책을 읽어주면 개는 앉아서 아이의 눈을 꼬박 쳐다보며 들어준다. 이때 개가 아이의 말을 이해하는 것은 아니지만 말을 더듬는 아이는 자신을 평가하지 않고 누군가에게(여기서는 도서관의 개) 책을 끝까지 읽어주거나 말을 해보는 경험을 할 수 있다. 이러한 경험은 아이로 하여금 무조건적으로 수용받는 느낌과 자신감을 갖게 해준다. 이처럼 부모도 아이에게 말을 하거나 들어줄 때는 비판하거나 평가하려는 태도를 내려놓고 안전하게 말하고 경청하며 들어주는 노력이 필요하다.

부모와 자녀가 대화를 주고받는 과정에서 자녀의 대답이 부모의 의견과 다를 경우 부모가 그것을 수용하기 어려워하는 경우가 종종 있다. 이런 부모들에게 하버드대학교 마이클 샌델Michael Sandel 교수가 자신의 양육 경험을 토대로 전하는 다음의 조언이 도움이 될 것이다.

"아이의 생각이 정확하게 맞지 않더라도 틀렸다고 바로 수정하고, 다음 단계로 넘어가는 건 좋지 않습니다. 경청과 인내심의 미덕은 좋은 교사뿐만 아니라 좋은 부모가 되기 위해서도 필요합니다. 아이의 의견이 다른 사람의 의견과 반드시 일치해야 할 이유가 있을까요? 나와 다른 의견이라도 자녀의 이야기를 귀담아 끝까지 들어주세요. 그러면 아이는 자신의 생각을 논리적으로 말하는 힘을 기를 수 있게 됩니다. 물론 이를 실제로 적용하는 건 어려울 수 있죠(웃음). 그래서 좋은 부모가 되는 것은 우리 삶에서 가장 어려운 과제일 수 있습니다."

한편, 대화할 때는 상호 간에 눈 맞춤이 매우 중요하다. 상대방과 이야기기할 때 눈을 마주치는 시간은 평균 4초라고 한다. 상대의 눈을 마주하기 힘들다면 2초는 눈을 보고, 2초는 미간을 보면서 눈을 바라보는 시간을 조금씩 늘려가자. 그리고 눈을 마주하는 것이 자연스러워지면 상대의 말에 자연스러운 눈짓으로 반응하면

안전 공감 대화법

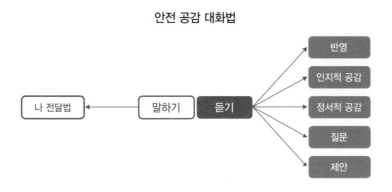

서 공감을 표시해보자. 속 깊은 대화를 이끌어갈 수 있다.

　요약하자면 대화는 스포츠다. 스포츠에는 규칙이 필요하다. 대화라는 스포츠의 규칙은 '한 사람이 말할 때 다른 사람은 경청하는 것'이다. 말하는 사람은 '나' 전달법을 사용해서 안전하게 말하고, 듣는 사람은 말하는 사람의 말을 중간에 끊지 않고 상대의 말을 잘 이해하면서 듣는다. 이것이 바로 경청이다.

　경청의 과정에는 반영, 인지적 공감, 정서적 공감, 질문, 제안의 기술이 필요하다. 필자는 이러한 소통 방법을 '안전 공감 대화법'이라고 칭한다. 이에 대해서는 다음 장에서부터 차례로 다룰 것이다.

'나' 전달법으로
안전하게 말하자

'나' 전달법으로 스트레스와 화를 풀고
상대와의 갈등을 해소하는 법을 배우자.

'나' 전달법은 나를 주어로
안전하게 말하는 것이다

부모-자녀 사이에 의사소통을 할 때 말하는 사람의 표현 방법에는 2가지가 있다. '너' 전달법You-message과 '나' 전달법I-message이 그것이다.

'너' 전달법으로 말할 때는 '너'를 주어로 한다. 이때 듣는 사람은 말하는 사람이 노골적으로 감정을 드러내면서 비난하는 것처럼 들릴 수 있다. 하지만 '나' 전달법은 '나'를 주어로 해서 차분하고 안전하게 말하기 때문에 듣는 사람이 말하는 사람의 전달 내용을 잘 이해하는 데 도움이 된다. 이 전달법은 오해나 갈등 해소 기술로도 잘 알려져 있다.

이 전달법은 P.E.TParents Effectiveness Training(효과적인 부모 역할 훈련) 창시자인 토머스 고든Thomas Gordon에 의해 만들어진 용어로, 부모와 아이의 대화법뿐만 아니라 일상생활의 의사소통에 있어서도 많이 사용되고 있는 대화법이다.

'너' 전달법은 "왜 이렇게 시끄럽니?" "발 치워라" "왜 늦는다고 전화를 못하니?" "너는 도대체 왜 그러니?" "너는 왜 이렇게 조심성이 없니?" "집에서 쿵쿵 뛰지 말라고 했잖아"처럼 주체를 너(상대방)로 해서 부모의 감정과 비난을 전달한다. 아이가 반복해서 실수하는 모습이 속상하고 실망스러운 엄마가 "너는 왜 하는 것마다 이 모양이니?"라고 '너' 메시지로 말하면 아이는 엄마가 자신이 미워서 화를 내는 것으로 받아들이게 된다.

아이는 엄마의 감정적이고 비난하는 말투가 '안전하지 않고' 위협적으로 느껴지기 때문이다. 이때 아이는 마음에 방어막을 세우고 변명하거나 저항하고 공격적이 될 수 있다. 그 결과 엄마와 아이의 관계는 멀어진다.

이에 반해 '나' 전달법은 자신을 주어로 삼아서 이야기하는 것이다. "나는 피곤하다" "오늘 저녁엔 설거지를 빨리 끝내고 쉬고 싶다" "그렇게 얘기하시니까 제 마음이 서운해요"처럼 말의 주체가 '나' 자신이 되는 것이다. '나' 전달법은 다른 사람의 감정을 상하게 하지 않으면서 자신의 욕구를 표현해 상대방 스스로 행동을 수정할 수 있도록 하는 효과적인 표현 기법이다.

예를 들어 부모가 아이에게 말할 때 부모 자신을 주어로 해서 '엄마 마음은 이래'라는 식으로 전달한다. 이렇게 하면 비난의 의미가 덜 포함되어 아이가 편하게 부모의 말을 듣게 되고, 아이의 저항이나 반발을 최소화하면서 문제행동을 수정할 수 있다.

앞서 아이의 반복적인 실수를 보고 엄마가 감정적으로 아이에게 '너' 전달법을 사용하는 대신 '나' 전달법을 사용했다면 이렇게 말할 수 있었을 것이다. "네가 조심하겠다고 반복해서 말했는데, 이번에 세 번째 같은 실수를 반복하니까 엄마가 속상하고 실망스러워. 왜냐하면 엄마는 네가 말만 그렇게 하고 조심하지 않는 것 같기 때문이야. 네가 약속을 하면 잘 지켜주면 좋겠어."

이렇듯 '나' 전달법은 아이의 행동에 대해 부모가 공격적이지 않고, 비난하지도 않으면서 부모의 경험, 생각, 감정 그리고 바람을 충분하게 전달하는 기술이다.

이 방법을 사용하면 부모가 아이의 행동과 관련된 자기 생각이나 감정을 안전하고 일치성 있게 표현하는 것이 되므로 아이는 부모가 개방적이고 솔직하다는 느낌을 받게 된다. 이를 통해 아이는 안전하고 존중받는 느낌을 갖게 되고, 더욱 자발적으로 스스로의 문제를 해결하기 위해 노력할 것이다.

이러한 '나' 전달법은 안전하게 화를 표현하고 갈등을 해소하는 방식이기도 하다. 다음의 4단계를 활용하는 '나' 전달법 방식을 사용하면 스트레스와 화를 풀고 상대와의 갈등을 해소하는 데 도움이 될 것이다.

'나' 전달법으로
갈등을 해소하는 4단계

이 4단계인 S(상황), T(생각), F(감정), W(바람)에 대해서 자세히 알아보자.

1. S(Situation, 상황)

"~할 때" 혹은 "하니까"라며 상황과 상대방의 행동을 구체적으로 말한다. 이때 어떤 평가, 비판, 비난의 의미를 담지 말고, 객관적인 사실만을 말한다.

예: "밥 먹을 때는 게임하지 않기로 약속했는데, 조금 전에 네가 밥 먹으면서 게임할 때"

2. T(Thinking, 생각)

"~인 것 같아서(혹은 ~생각이 들어서)"라며 상황이나 행동에 대한 나의 생각을 말한다.

예: "현규가 엄마랑 한 약속을 존중하지 않는 것 같아서"

3. F(Feeling, 감정)

"~ 느꼈다"라며 상황과 행동을 경험하고 난 후의 나의 생각과 그로 인해 경험하게 된 나의 심정을 감정 단어로 말한다.

예: "엄마가 속상하고 실망스러웠어."

4. W(Want, 바람)

"~ 바란다"라는 문구를 사용한다. 상대의 행동 변화에 대한 구체적인 바람을 말한다.

예: "엄마는 현규가 게임은 밥을 먹고 나서 정해진 시간만큼만 하겠다고 한 약속을 잘 지켜주면 좋겠어."

앞서 반복적으로 실수하는 아이에게 엄마가 '나' 전달법으로 말한 것에 대해 이 4단계가 어떻게 적용되었는지 보자.

"네가 조심하겠다고 반복해서 말했는데, 이번에 세 번째 같은 실수를 반복하니까(S, 상황), 엄마가 속상하고 실망스러워(F, 감정). 왜냐하면 엄마는 네가 말만 그렇게 하고 조심하지 않는 것 같기 때문이야(T, 생각). 네가 약속을 하면 잘 지켜주면 좋겠어(W, 바람)." 이 예에서 보는 것처럼 4단계를 말하는 순서는 달라질 수도 있다.

'나' 전달법을 사용할 때 이 4가지를 모두 적용하지 않고 상황에 맞춰서 적절하게 필요한 부분만 사용할 수도 있다. 다음의 예를 참고해보자.

상황	너 전달법	나 전달법
시험을 앞두고 있는데, 컴퓨터 게임만 하고 있다.	며칠 있으면 시험인데, 네가 게임할 때야? 너 그러다 뭐 될래? 빨리 가서 공부해.	며칠 있으면 시험인데, 평소보다 오히려 게임을 더 하니까(S), 네가 시험에 대한 책임감이 없는 것 같아서(T) 실망스럽다(F). 게임을 멈추고 시험 준비를 잘 하면 좋겠다(W).
연락도 하지 않고 늦게 들어옴	너는 왜 늦는다고 전화도 못하니? 기다리는 사람은 생각도 안 해? 넌 애가 왜 이렇게 이기적이니?	네가 연락도 없이 늦어서(S) 엄마가 불안하고 걱정을 많이 했어(F). 네가 어디서 뭘 하는지 알 수가 없잖아(T). 9시가 넘어서 집에 오게 되면 적어도 한두 시간 전에는 연락을 주렴(W).

필자가 상담이나 강의를 할 때 자주 듣는 질문이 있다. 갈등 상황에서 '나' 전달법으로 상대에게 하고 싶은 말을 했을 때 상대가 잘 받아주지 않으면 어떻게 하느냐는 것이다. 이때 필자는 "'나' 전달법으로 상대에게 전달할 때 상대가 잘 받아주면 나도 풀리고 상대와의 관계도 좋아질 수 있지요. 하지만 상대가 잘 받아주지 않아도 '나' 전달법으로 말하면 내가 어느 정도 풀리게 됩니다"라고 대답한다.

그러므로 갈등 상황에서 마음이 불편하고 힘들 때는 상대가 잘 받아주지 않으면 어쩌나 하는 염려 때문에 끙끙 앓지 말고, 4단계 '나' 전달법을 연습해서 상대에게 차분하게 전달해보자.

그렇게 하면 최소한 나는 어느 정도 풀린다. 물론 상대와 나의 갈등 관계가 해결되느냐의 문제는 상대가 잘 받아주느냐에 달려 있다. 한편 갈등 상황에서 상대에게 대화를 요청할 때는 먼저 예약하는 것도 잊지 말자(예: "아빠가 하고 싶은 말이 있는데, 지금 해도 될까?" "여보 내가 당신한테 하고 싶은 말이 있는데, 시간 괜찮아요?").

연습문제 ──────────────────

⭕ 다음의 '너' 전달법을 '나' 전달법으로 바꿔서 말해보자.

"너, 주중에는 게임하지 않고 주말에만 하는 걸로 약속했잖아. 그런데 이게 뭐야. 주중에도 밤낮없이 게임만 하고. 너 엄마 무시하니? 네가 이러니까 친구들한테도 인정을 못 받는 거야."

예약하기	"엄마가 너한테 하고 싶은 말이 있는데, 지금 시간 괜찮니?"
상황(S)	~할 때
생각(T)	~인 것 같아서
감정(F)	~ 느꼈다
바람(W)	~ 바란다.

'반영하기'로 아이가
마음껏 말하도록 돕자

아이의 말을 그대로 반복하면서 반영해주면
아이는 부모가 자신의 이야기를 경청한다는 존중감을 느낀다.

부모는
아이의 거울이다

인간의 성장에는 결정적 시기가 있듯이 공감 능력 또한 적절한
시기에 적절한 자극을 받아야 잘 발달할 수 있다. 아이의 공감 능
력은 부모와의 정서적·감정적 교류, 즉 부모와의 애착관계 형성에
서 비롯되는데, 이때 부모가 아이의 행동이나 말을 반영해주는 것
이 중요하다.

반영은 아이의 행동을 부모가 거울처럼 그대로 따라하거나 묘
사해주는 것, 혹은 아이가 한 말을 부모가 그대로 따라해주는 것

이다. 부모가 아이가 한 행동이나 말을 반영해주면, 아이는 부모가 자신의 행동을 지켜보고 있는 걸 알게 되어 안심이 되고, 자신이 한 말을 경청하고 있다는 생각이 들어서 존중받는 기분이 든다.

아이는 부모가 자신의 행동이나 말을 반영할 때 자신을 평가하거나 비난하지 않아서 안전하다는 느낌을 받고, 자유롭게 주위 환경을 탐색하는 일에 집중할 수 있다. 부모가 자녀를 반영하면서 자녀가 안전감을 경험하면 부모와 자녀 모두 상위 뇌와 하위 뇌가 활성화되면서 대화를 위한 공감 능력과 상호작용 능력이 활발해진다.

아이가 부모의 반영을 통해서 안심하고 존중받는 기분을 경험하는 것은 자존감이 높고, 사회성이 좋은 아이로 성장하는 데 꼭 필요한 과정이다. 아이가 부모로부터 반영받는 경험을 못하거나 부족하면 아이는 자신에게 몰입하게 되고 자존감과 사회성의 기초인 공감 능력에 문제가 생길 수 있다.

'사이코패스'로 알려진 반사회성 인격 장애자의 경우 상대의 입장을 이해하는 공감 능력이 부족하다. 연구에 따르면, 그 이유는 어린 시절에 부모로부터 따뜻한 반영을 제대로 받지 못했기 때문이다. 그 결과 자신에게 몰입하게 되고 타인의 입장에서 이해하고 공감하는 능력이 제대로 발달하지 못한 것이다.

부모가 자녀의 행동이나 언어를 '반영Reflection or Mirroring'하는 것은 일명 '거울 되기' 혹은 '따라 하기'이다. 우리가 거울을 보면서 어떤 동작을 취하거나 표정을 지으면 거울은 우리의 모습을 그대로 반영한다. 마찬가지로 부모가 아이에게 거울처럼 아이의 행동이나 말을 반영하면 아이는 부모를 통해 자신을 있는 모습 그대로 보게 된다.

부모가 아이의 행동이나 말을 반영할 때 아이 자신이 행동하거나 말할 때 활성화되었던 뇌의 영역이 다시 활성화된다. 이것이 가능한 것은 뇌에 '거울 뉴런'이라는 특별한 영역이 있기 때문이다.

1996년 이탈리아 파르마 대학교의 뇌 과학 실험실에는 뇌에 전극을 심어놓은 원숭이 한 마리가 앉아 있었다. 신경생리학자 비토리오 갈레세Vittorio Gallese 박사는 땅콩을 집으려고 손을 움직였다. 그때 원숭이 뇌에 부착된 전극과 연결된 컴퓨터에서 신호음이 났다. 이때 원숭이는 움직이거나 아무 행동도 하지 않았다. 다만 땅콩을 집어 드는 자신을 보고 있었을 뿐이다.

갈레세 박사는 컴퓨터의 신호를 분석했다. 원숭이가 직접 땅콩을 집어 들었을 때 활성화되었던 뇌의 운동세포 영역과 동일했다. 즉 원숭이가 다른 사람이 땅콩을 집는 것을 바라볼 때도 뇌의 동일한 위치에 있는 운동 신경세포가 그대로 발화한 것이다. 이것이 감정이입 세포로도 알려진 '거울 뉴런mirror neuron'을 발견하게 된 계기다.

원숭이와 마찬가지로, 인간의 뇌에 있는 거울 뉴런도 다른 사람이 공을 차거나 웃는 얼굴을 보는 것만으로도 자신이 그런 행위를 하는 것처럼 활성화되었다. 누군가가 자전거를 탈 때, 자전거 페달을 밟으며 탈 때, 자전거가 이동하는 소리를 들을 때, 혹은 단지 '타다'라는 단어를 말하거나 듣기만 해도 거울 뉴런은 활성화되었다. 이러한 일련의 실험을 거치면서 갈레세 박사는 거울 뉴런은 모방 뉴런이라는 결론을 내렸다.

우리가 다른 사람의 행동을 무의식적으로 따라 하고 다른 사람의 느낌을 똑같이 느낄 수 있는 것은 우리 뇌 속의 바로 이 '거울 뉴런' 때문이다. 이 거울 뉴런의 발견으로 우리는 타인의 모습 속에서 끊임없이 자신을 비추고 있다는 사실을 알게 되었다.

반영에는 행동 반영과
언어 반영이 있다

반영에는 아이의 행동을 부모가 그대로 따라 하는 '행동 반영'과 아이의 행동을 부모가 말로 묘사해주거나 아이가 한 말을 부모가 반복해서 따라해주는 '언어 반영'이 있다.

먼저 행동 반영의 예를 하나 들어보겠다. 필자가 유치원 교사들에 대한 보수 교육을 하면서 유치원에 적응하지 못하는 아이를 한동안 직접 찾아가서 상담한 적이 있다.

하루는 5개월 동안 상담하던 승혜가 그날도 상담을 마치고 엄마

손을 잡고 집으로 돌아가는 시간이었다. 그런데 승혜가 더 놀겠다고 하면서, 집에 가지 않겠다고 울며불며 떼를 썼다. 아이가 하도 심하게 생떼를 쓰고 집에 안 가려고 하자 아이 엄마와 유치원 교사들은 발을 동동 구르며 어쩔 줄을 몰라했다. 이때 필자는 아이가 울며 생떼 쓰는 모습과 행동을 "승혜가 이렇게 하는구나" 하고 말하면서 그대로 따라 했다.

아이는 얼마 지나지 않아서 자신의 행동을 따라 하는 필자의 모습에 주목했다. 그러고는 울음을 멈추고 필자에게 다양한 동작을 취해 보였다. 필자는 여전히 아이의 동작을 그대로 따라 해주었다. 아이에게는 필자가 자신의 행동을 따라한 것이 자신에게 집중해서 놀아주고 있다고 느꼈을 것이다.

아이는 1~2분 만에 차분해졌다. 이때 필자가 아이에게 다가가서 말했다.

"승혜, 이제 집에 갈 시간. 다음에 보자. 안녕!"

이 말을 들은 아이의 얼굴에는 아직 눈물 자국이 남아 있었지만 자신과 놀아준 필자에게 살짝 미소를 보이며 엄마 품에 안겨서 '무사히' 집으로 돌아갔다.

이처럼 아이의 행동을 그대로 따라 해주면서 놀아주는 것이 '행동 반영'이다. 이 방법이 효과가 있으려면 아이의 행동을 그대로 따라 할 때 아이의 행동에 집중하면서 아이가 잘 한다 못한다 평가하거나 비판하지 않는 것이 중요하다. 아이가 안전감을 느껴야

자기답게 표현할 수 있고, 자기답게 표현하는 아이가 즐겁게 상호 작용할 수 있다.

아이의 행동을 묘사해주거나 아이가 한 말을 부모가 그대로 따라하는 언어 반영은 아이와의 대화에서 매우 중요하다.

아이가 놀이터에서 혼자 가만히 앉아 있다. 엄마는 아이의 모습을 보고 아이가 외롭겠다고 짐작했다. 엄마가 아이에게 말한다.

"진수가 외롭구나."

아이가 대답한다.

"아니에요. 풀 사이로 다니는 개미를 보고 있는데, 너무 재미있어요."

엄마는 아이 마음도 모르고 지레 짐작한 것에 조금 민망한 느낌이 든다. 이럴 때는 아이의 행동을 말로 반영해주는 '언어 반영'을 사용해보자. 먼저 아이의 행동을 보이는 그대로 묘사한다.

엄마 : 진수가 땅을 보고 있네. 가만히 아래를 내려다보고 있어.(반영) 맞니?
　　　(질문)
아이 : 응, 엄마. 여기 개미들이 지나다니는 거 좀 봐.
엄마 : 아, 그래, 개미들이 지나다니고 있구나?(반영) 진수가 신기하고 재미
　　　있겠네?(공감)
아이 : 응.

이렇게 아이는 부모가 자신의 행동을 거울처럼 묘사해주고, 말을 그대로 따라 해주는 언어 반영을 해주면서 상호작용을 할 때 안전감과 존중받는 느낌을 받으면서 편안하게 탐색에 집중할 수 있다. 언어 반영을 할 때는 아이가 한 말을 그대로 따라 하면서 "~구나"라고 말머리 끝의 톤을 내려주면 된다.

> 아이 : 아빠, 저번에 우리가 놀러 갔던 데가 아까 TV에 나왔어요.
> 아빠 : 저번에 놀러 갔던 데가 TV에 나왔다는 거구나.
> 아이 : 네, 내가 TV에서 보자마자 우리가 놀러 갔던 곳인 걸 맞췄어요.
> 아빠 : 아, TV 보자마자 놀러갔던 곳인 걸 맞췄구나.

이렇게 아이의 말을 그대로 반복하면서 반영해주면 아이는 부모가 자신을 주목하고 경청한다는 생각을 하면서 존중받는 느낌을 갖게 된다. 그러면 흥분했던 아이도 금세 차분해질 수 있다. 아이가 많이 흥분해 있거나 조급해할 때, 부모에게 실망해서 마음이 토라져 있을 때, 아이의 말을 부드럽고 차분하게 반복해주면 아이의 흥분한 감정이 차분해지고 풀리면서 대화를 나눌 수 있는 기회가 생길 것이다.

흥분한 아이의 말을 부모가 차분하게 따라 하며 반영해주는 것은 마치 투수가 던진 공을 포수가 글러브로 잡는 것과 같다. 투수가 아무리 빠르게 던진 공도 포수가 잡는 순간 속도는 0이 된다.

이처럼 화를 내거나 흥분한 아이에게 가장 효과적인 '진정제'는 부모의 차분한 반영이다.

반면에 부모가 아이의 말에 짜증을 내며 감정적으로 반응하는 것은 마치 투수가 던진 공을 타자가 배트로 강하게 휘둘러 치는 것과 비슷하다. 공이 날아온 속도에 배트로 치는 힘이 반발력으로 작용해서 공이 반대 방향으로 빠르게 날아가는 것처럼 아이는 부모의 짜증스러운 반응에 겁을 먹거나 '움찔' 하게 된다.

한편, 아이가 하는 말이 길어지면 일일이 반영하는 것이 어렵다. 이때는 아이가 한 말을 요약해서 반영하고, 잘 들었는지 질문해보자. 아이가 길게 말했을 때는 "네가 한 말이 이러저러한 것으로 들었는데, 맞니?" 하면서 아이의 말을 요약해서 반영해주고, 그것이 맞는지 확인해주자. 이러한 활동은 부모와 자녀 사이에 안전감을 확보하고, 유대를 돈독히 하며 더욱 풍부하게 소통하는 데 도움이 된다.

'인지적 공감'으로
아이의 입장에서 이해하자

부모가 아이를 인지적으로 잘 공감해주기 위해서는
아이가 경험한 세계를 충분히 살피고 들어주자.

아이는 공감할 수 있는
능력을 타고난다

공감하는 능력은 포유류(영장류 포함)와 인간에게서만 발견된다. 이 능력은 타고난 것이다. 일본 간사이가쿠인 대학교의 연구진은 쥐에게도 동료의 고통에 공감하는 능력이 있는지 알아보는 실험을 진행했다.

투명 플라스틱으로 만든 두 방에 각각 쥐를 집어넣고는 한쪽 방에만 물을 채웠다. 물이 점점 차들어가자 그 방에 있던 쥐는 겨우 머리만 내밀 수 있을 정도가 되었다. 이때 옆방에 있던 쥐가 두 방

사이에 난 문의 빗장을 열어 물에 잠기고 있는 옆방의 쥐를 자기 방으로 건너오도록 도왔다.

이것이 어쩌다 일어난 우연이 아니라 쥐가 가진 공감 능력을 보여준 것으로 인정받는 이유는 자신 앞에 놓인 먹이의 유혹까지도 물리치면서 옆방에서 물에 빠지고 있는 동료 쥐를 위해 문을 열었기 때문이다.

즉 연구진은 쥐를 가운뎃 방에 두고 한쪽 방에는 물에 빠진 쥐, 다른 쪽 방에는 쥐가 좋아하는 초콜릿을 두었다. 그런데 쥐는 대부분 초콜릿이 있는 방문을 열기 전에 물에 빠진 쥐 쪽의 문을 먼저 열었던 것이다. 실험 결과의 신뢰성을 위해서 여러 번 같은 절차로 실험을 진행했지만 처음과 동일한 결과가 나왔다.

유튜브 영상에서 개가 물에 빠진 주인을 구하기 위해 뛰어드는 행동이나, 주인집 아이를 공격하려는 개와 맞서서 싸우는 고양이의 행동은 공감 능력을 보여준다. 이처럼 동물이 공감 능력을 가지고 이타적인 행동을 할 수 있는 능력은 선천적으로 타고난 것이다.

사람도 남의 처지를 헤아릴 수 있는 공감 능력과 배려할 수 있는 능력을 타고난다. 이것은 미국 예일 대학교의 심리학자들이 고안한 아기들의 인형극 실험을 통해 입증되었다.

엄마 품에 안긴 생후 6개월 미만의 아기들에게 인형극을 보여준다. 막이 열리면, 오리 한 마리가 장난감 상자를 열려고 애쓴다. 오리는 뚜껑을 잡으려 하지만 꽉 움켜쥐지 못한다. 이때 각각 다른 색깔의 셔츠를 입은 곰 2마리가 그 모습을 지켜본다. 잠시 후 빨간색 셔츠를 입은 곰 한 마리가 오리를 돕는다. 오리가 상자 모서리를 붙잡고 뚜껑을 힘껏 열게 해준다. 곰과 오리가 잠깐 포옹한다.

곧이어 뚜껑이 다시 닫힌다. 이제 오리는 다시 뚜껑을 열려고 애쓴다. 이를 지켜보던 파란색 셔츠를 입은 다른 곰은 뚜껑 위에 올라앉아 오리를 방해한다.

이 인형극에서 빨간색 셔츠를 입은 곰은 오리를 도왔고 파란색 셔츠를 입은 곰은 오리에게 심술을 부렸다. 인형극의 막이 내렸다가 다시 올라가면, 진행자가 연극에 출연했던 곰 2마리를 들고 아기들에게 다가간다. 진행자는 곰들을 아기 앞에 내밀어 한 마리를 고르라는 신호를 보낸다. 선택권을 주면 아기들은 친절했던 빨간 셔츠를 입은 곰을 쳐다보거나 손으로 가리킨다. 이 실험 역시 신뢰성을 위해서 같은 연극을 다른 아기들에게도 여러 번 시행했지만 동일한 결과가 나왔다.

보통 아이들이 누군가에 대해서 신뢰할 만한 대상인지를 평가하기 위해서는 여러 해에 걸친 인생 경험과 학습이 필요할 것이라고 생각한다. 하지만 실험에 참가한 아기들은 걷지도 말하지도 못했지만 다른 사람의 행동에 대해서 짧은 시간 안에 판단하는 능력을 이미 갖추고 있음을 보여주었다.

이를 통해서 포유류 이상의 동물이나 사람은 누구의 행동이 옳고, 누가 믿을 만한 대상인지 탐지하는 본능인 공감 능력을 가지고 태어났음을 알 수 있다.

공감은 영어로 'empathy'다. 이 단어의 어원은 독일어 'Einfhlung'으로 'Ein'은 '안으로', 'fuhlung'은 '느끼다'라는 뜻을 갖는다. 즉 '타인의 마음, 감정 그리고 현재 상태에서 그 사람이 하고 있는 생각을 내가 그 사람의 입장에서 지각하고 느낀다'는 뜻으로 이해할 수 있다.

미국의 문화인류학자 로먼 크르즈나릭Roman Krznaric은 공감을 "다른 사람의 처지가 되어보고, 그들의 관점(인지적 측면)과 감정(정서적 측면)을 이해하고, 그 이해를 활용해 우리의 행동을 인도하는 과정"이라고 말했다. 전문가들은 이를 구분해 전자를 인지적 공감 능력으로, 후자를 정서적 공감 능력으로 설명한다. 이번 장에서는 이 중에서 인지적 공감 능력에 대해서 먼저 알아본다.

인지적 공감은 상대의 입장에서
이해할 수 있는 능력이다

다음은 2006년 당시 미국의 오바마 대통령이 미국 노스웨스턴 대학교에서 했던 연설의 일부다.

"공감한다는 것은 다른 누군가의 처지가 되어보는 것입니다. 우리와 다른 사람의 눈으로, 배고픈 아이들의 눈으로, 해고된 철강

노동자의 눈으로, 당신의 기숙사 방을 청소하는 이민 노동자의 눈으로 세상을 바라보는 일입니다. 우리는 공감을 장려하지 않는 문화에 살고 있습니다."

이 연설의 내용은 '역지사지'를 말하는 것으로 인지적 공감의 특징을 잘 말해주고 있다. 즉 인지적 공감은 상대의 경험을 그 사람의 입장에서 인정하고 이해하는 것이다.

> 어느 날 3명의 장님에게 코끼리가 어떻게 생겼는지를 설명해보라고 했다. 첫 번째 장님은 코끼리에게 다가가서 코를 만져보고 확신한 듯이 말했다.
> "코끼리는 커다란 구렁이와 같습니다!"
> 두 번째 장님은 코끼리의 뿔을 만지며 말했다.
> "코끼리는 뾰족한 끝을 가진 커다란 창과 같습니다!"
> 마지막으로, 세 번째 장님은 코끼리의 다리 부분을 더듬거리며 코끼리는 둥그렇고 아주 큰 나무와 같다고 말했다.
> 이처럼 똑같은 동물을 갖고서도 장님들은 제각기 느낀 대로, 멋대로 해석했다. 똑같은 현실도 바라보는 방식에 따라 해석이 달라질 수 있다. 사물은 단지 어떤 측면에서 바라볼 것이냐에 따라 달라지는 것이다.
>
> (『가족을 변화시키는 56가지 이야기』 36쪽)

이 우화에서 장님들은 코끼리의 특정 부위를 만져보고 그것이 코끼리의 전부라고 믿으면서 말한다. 예를 들어 코끼리가 뾰족한 끝을 가진 커다란 창과 같다고 주장하는 장님의 말을 들은 사람이 "아니, 도대체 당신은 뭘 경험한 거요? 코끼리는 둥그렇고 아주 큰 나무와 같소"라고 주장한다면 이 둘은 계속 무엇이 맞고 틀리는 지를 놓고 대립하게 될 것이다.

한편 인지적 공감은 서로의 경험이 다를 수 있다는 전제하에 상대의 경험을 인정하는 데서부터 대화를 풀어가는 것이다. 예를 들어 "당신 말을 들어보니 코끼리가 그렇게 뾰족한 끝을 가진 창과 같다는 말이 이해가 되네요. 제가 당신처럼 경험했다면 저도 그렇게 말할 수 있겠네요"라고 말하며 상대의 경험을 듣고 인정하는 것이 인지적 공감이다.

필자에게 부부 상담을 위해서 찾아온 부부 중에 간혹 "선생님 저희 말을 들어보시고, 누가 맞는지 판단 좀 해주세요"라고 말하는 부부가 있다. 이때 필자는 이렇게 대답한다.

"혹시 여기 어디인지 알고 오셨나요? 여기는 법원이 아닙니다. 저는 두 분의 말을 듣고 누구는 맞고, 누구는 틀리는지를 판단해주는 판사가 아닙니다. 두 분은 서로의 생각에 동의하지 않을 수 있습니다. 제 역할은 두 분이 서로의 입장을 충분히 들을 수 있어서 서로가 역지사지로 이해하실 수 있도록 도와드리는 것입니다."

부부가 나의 생각은 맞고 배우자의 생각은 틀리다는 전제로 소통하면 협의가 안 되지만 상대와 나의 생각이 다를 수 있다는 생각으로 소통하면 협의가 된다. 인지적 공감은 서로의 경험과 생각이 다를 수 있음을 인정하고 좁혀 나가는 과정이다.

부모와 자녀의 관계에서도 마찬가지로 적용할 수 있다. 아이만의 경험에서 생겨난 아이의 생각이나 감정을 부모가 경청하고 아이가 무슨 말을 하는지 이해하게 되는 것이 부모의 인지적 공감이다. 다시 말하지만, 이때 부모가 자녀의 생각이나 감정에 반드시 동의할 필요는 없다.

인지적 공감을 잘하기 위해서 가장 중요한 과정은 상대의 입장을 인정하고 이해하는 것이다. 어떻게 그렇게 할 수 있을까? 상대의 경험을 충분히 알아보거나 들어봐야 한다. 부모가 아이를 인지적으로 잘 공감해주기 위해서는 아이가 경험한 아이만의 세계를 충분히 살펴보고, 들어주는 과정이 필요하다. 그리고 난 다음에는 "네 말을 들어보니 네 입장에서는 그렇게 생각하고, 느낄 수 있겠구나"라고 말해주자. 이것이 인지적으로 공감해주는 것이다.

한 세미나에서 '인지적 공감'에 대해 강의한 적이 있다. 참가자 중에 한 명이 자신은 그동안 몰랐는데, 오늘 강의를 들어보니 아버지가 그동안 자신과 형제들에게 '인지적 공감'을 너무 잘해주셨다는 것을 알게 되었다고 말했다. 아버지가 가끔씩 "혹시 너희들 그동안 서운했던 것 있으면 말해보거라"라고 하시면 할 말 있는 자녀가 말을 쭉 하고 아버지는 끝까지 들어주셨다.

자녀의 말을 다 들은 다음에는 "그런 일이 있었구나. 무슨 말인지 알겠다. 아빠가 거기에 대해선 미안하다"라고 말씀하시며 자녀의 마음을 풀어주셨다. 그래서인지 자신의 부부생활은 물론 원 가족 식구들이 모두 관계가 좋다고 말했다. 필자는 이분에게 "아버지가 정말 잘해주셨네요. 아버지를 통해 복을 많이 받으셨어요"라고 말해주었다.

한편 아이의 연령에 따라서 인지적 공감 능력에는 차이가 있다는 사실을 알고 아이의 반응을 이해하자. 5세 이전의 아이에게는 인지적 공감 능력이 부족할 수 있다. 액체 보존 실험에서 4세인 현미에게 엄마가 말한다.

"그러면 엄마가 여기다가 부어볼게. 어떤 게 더 많은지 얘기해줘야 돼?"

몇 번이고 같은 양의 물이라는 것을 확인시켜준 후 바로 눈앞에서 그릇만을 바꾼 다음 물의 양을 물어본다. 엄마가 묻는다.

"현미야, 그릇이 달라졌지? 그럼 엄마가 문제 내볼게. 어떤 게 더 많은 것 같아? 많은 것 가져가라고 하면 어떤 걸 가져갈 거야?"

그러자 아이는 좁고 긴 통의 물을 선택한다. 물이 더 많이 들어간 것처럼 보이기 때문이다. 같은 나이의 다른 아이들도 똑같은 선택을 한다. 즉 자기가 바라보는 그릇의 차이만을 믿어버리고, 그릇의 모양이 달라도 그 안의 양은 동일하다는 것을 모른다.

하지만 7세만 되도 더 이상 속지 않는다. 그릇의 모양을 아무리 다르게 해도 물의 양은 동일하다는 사실을 알기 때문이다. 상대의 관점에서 인정하고 이해하는 인지적 공감이 가능해진 나이가 된 것이다.

'정서적 공감'으로 아이의 심정을
감정 단어로 읽어주자

부모가 자녀의 감정을 읽어주기 어려울 때는 아이 감정에
"그래?" "그랬어?" "음…" "그렇구나" 등 추임새만으로도 충분하다.

정서적 공감은 상대의 심정을
감정 단어로 읽어주는 것

수학 문제를 풀고, 숙제를 하며 계산을 할 때는 아이들의 논리적인 좌반구가 발달하지만 아이들의 감정이나 기분을 누군가가 거울처럼 비춰주고 읽어주면 우뇌가 관장하는 정서 지능이 발달한다. 예를 들어 어떤 일을 겪고 슬퍼하는 아이의 말을 듣고 부모가 "네가 그때 그래서 참 슬펐겠구나"라고 말해주는 것이 정서적 공감이다.

인간관계에서 정서적 공감은 상대가 느낄 만한 감정을 부모가

비슷하게 느끼는 것이다. 한자어의 '이심전심'을 떠올리면 된다. 정서적 공감은 보통 상대의 말을 잘 듣고(경청), 상대의 입장을 헤아려본 후(인지적 공감), 상대의 심정을 감정 단어로 상상하거나 추측해 떠올리는 것이다.

아이가 놀이기구를 타기 전에 많이 겁나고 무섭다고 말할 때 부모가 "이제 곧 끝나" "조금만 기다려"라는 식으로 말하면 부모의 조바심을 표현한 것이지 아이의 심정을 공감한 것이 아니다. 부모의 이런 말이 아이에게는 불안감을 더 갖게 만든다. 이럴 때 부모가 "그래 많이 겁나고 무섭지?"라고 말하면서 아이가 이미 표현한 심정을 알아주는 것만으로 아이는 위로를 받았다는 느낌과 함께 마음이 안심될 것이다.

이렇게 아이의 심정을 하나의 감정 단어로 읽어주면 아이는 공감받는 느낌과 함께 위로와 편안함을 경험하게 된다. 만약 화가 난 아이의 마음을 부모가 공감해주면 마치 소화기로 불을 끄듯이 화(火)를 끌 수 있다. 혹자는 이를 '정서적 편들기'라고 말한다.

예를 들어 엄마가 생각할 때는 그리 강하지 않은 햇볕이 내리쬐는 날이다. 그런데 아이가 "엄마 햇살이 너무 따가워!"라고 짜증 섞인 말투로 말할 때 엄마가 "너는 뭘 그리 유난스럽게 구니?"라고 혼내면 아이는 자신의 경험을 알아주지 않는 엄마가 야속하고 더 화가 난다.

하지만 엄마가 "그러니? 햇볕이 너무 뜨거운가 보구나"라고 하면서 아이 입장에서 아이만의 경험을 인정하고 공감해준다면 아이는 엄마의 따뜻한 말에 안심이 되면서 "근데, 엄마가 있어서 괜찮아" 하며 편한 표정으로 미소를 지어 보일지도 모른다.

고등학생 아들이 어느 날 술을 마시고 집에 들어와서 말한다. 아빠와 아들의 대화다.

아들 : 저 초등학교 때 아빠가 술 드시고 들어오셔서 한 시간 넘게 저 앉혀 놓고 잔소리하셨죠? 전 그때 너무 힘들었어요.

아빠 : 그건 네가 평소에 하도 말을 안 듣고, 말대꾸를 하니까 그랬지. 네가 잘했으면 아빠가 그랬겠어?

아들 : (화를 내며) 아빠가 그렇게 잔소리를 하시고 저를 무시하니까 제가 대들었지요! 아빠가 친절했으면 저도 대들 이유가 없었어요.

아빠 : (화를 내며) 너, 그게 지금까지 키워준 아비한테 할 말이냐?

아들 : 아버지는 왜 잘못을 인정하지 않으세요?

고등학생 아들이 술을 마시고 아버지에게 언성을 높이고 화를 낸 것은 분명 잘못이다. 아들이 술을 먹지 않고 맨 정신에 아버지에게 정중하게 어린 시절에 힘들었던 것을 말했더라면 더 좋았을 것이다. 하지만 아들이 자기 속내를 이야기할 때 아버지가 공감해 주는 반응을 보였다면 아이의 맺힌 감정을 푸는 데 큰 도움이 되었을 것이다. 만약 아들이 용기를 내서 아버지에게 자신의 상처를 말했을 때 아버지가 이렇게 말해주었다면 어땠을까?

"그래, 네가 그때 많이 힘들었지? 아빠가 원망스럽고 억울하기도 하고."

아버지가 이렇게 아들의 심정을 알아주기만 해도 아들은 화가 치밀었던 마음이 풀릴 것이다. 그리고 이야기를 더 잘 풀어가며 소통할 수 있을 것이다. 이렇게 부모가 자녀의 말을 진심으로 들어주고, 감정을 읽어주면서 맞장구를 쳐주는 반응을 하면 자녀는 분노로 흥분했던 마음을 다스리고 편안해지며, 일상을 새롭게 대처할 힘을 얻게 된다.

부모가 자녀의 감정을 읽어주기 어려울 때는 아이의 감정에 "그래?" "그랬어?" "음…" "그렇구나." "그런 일이 있었구나." "어이구"같이 맞장구를 쳐주는 추임새만으로도 충분할 때가 많다. 이러한 표현들은 부모가 함께 걷고 있다는 느낌을 갖게 해주기 때문에 아이들은 더 편하게 자신의 생각이나 기분 그리고 행동을 표현하게 된다.

부모 자신의 감정을
먼저 잘 인식하고 알아주자

평소에 자신의 감정에 대한 이해가 부족한 부모는 짜증을 내거나 눈물로 자기 감정을 표현한다. 또는 꾹 참으면서 속으로 삭이다가 화를 폭발하거나 괜찮은 척하면서 은밀하게 공격성을 보일 수 있다. 그에 반해 부모가 자신의 감정을 잘 다룰 수 있다면 자녀에게 '침묵'이나 '폭력' 같은 부적절한 방법으로 자기 감정을 표출하지 않을 것이다.

부모가 자신의 감정을 잘 다루고 아이의 감정에도 잘 공감하기 위해서는 부모가 먼저 자신의 감정을 잘 알아야 한다. "내가 이러이러해서 오늘 좀 속상하구나." "내가 그 일을 겪고 억울한 마음이 생겼구나." "이래서 기쁘다." "저래서 슬프다." "내가 칭찬받으니까 더 잘하고 싶은 마음이 커졌어."

이렇게 부모가 자신의 감정을 적절하게 표현하는 감정 단어를 알 때 아이나 배우자의 감정도 잘 느끼면서 공감적으로 표현할 수 있다.

부모가 자신의 감정을 잘 느낄 때는 몸에 변화가 생긴다. 몸의 다양한 부위로 에너지가 자유롭게 흘러가기 때문이다. 핀란드의 알토 대학교 연구팀이 700명의 참가자를 대상으로 감정 변화에 따른 열 감지를 해보니 온 몸에 골고루 에너지가 분포된 감정은 사랑과 행복이었다. 반면 욱하고 분노하는 감정은 열감지가 상체에만 감지되었다.

이처럼 감정의 변화에 따라서 몸에 변화가 일어난다. 행복이나 사랑 같은 감정을 자주 경험하면 몸에 열이 골고루 분포되어 체온이 높아지는데, 체온이 1도 높아질 때 몸의 면역력은 6배가 올

감정의 변화에 따른 몸의 변화

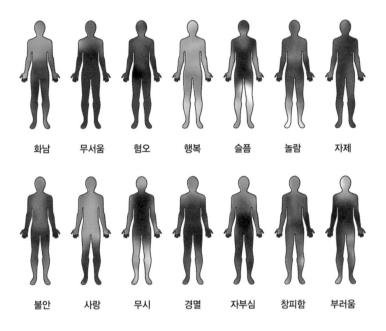

| 화남 | 무서움 | 혐오 | 행복 | 슬픔 | 놀람 | 자제 |

| 불안 | 사랑 | 무시 | 경멸 | 자부심 | 창피함 | 부러움 |

라간다고 한다.

　부모가 자신의 감정을 억압하지 않고 다양하게 경험하되 긍정적인 감정을 경험하도록 노력한다면 자신의 면역력뿐만 아니라 아이에 대한 공감력도 높아져서 더욱 원활한 소통이 이루어질 것이다.

연습문제

⭕ 1분 동안 다음 빈칸에 지난 한 주 동안 경험했던 감정을 적어보자.

_____

_____

_____

적은 감정 옆에 내가 왜 그런 감정을 느꼈는지를 적어보자. 내가 적은 감정의 이유를 적을 수 있어야 감정을 제대로 인식한 것이다. 자신의 감정을 인식하는 능력이 다른 사람의 감정을 공감하는 감성으로 이어진다. 감정을 느낀 이유를 적을 수 없다면 왜 그런지 곰곰이 생각해보아야 한다. 이유를 설명할 수 없는 감정은 부적절하거나 충동적인 행동으로 표출될 수 있기 때문이다.

⭕ 다음은 부모나 아이가 종종 경험하는 감정 단어 10개(예: 기쁨, 그리움, 두려움, 서운함, 외로움, 슬픔, 답답함, 실망감, 억울함, 속상함)에 대한 설명이다. 왼쪽의 설명을 읽고 어떤 단어인지 추측해서 빈칸에 적어보자(감정 단어에 대한 설명은 표준국어대사전의 정의를 인용했다).

감정 단어에 대한 설명	감정 단어의 이름
욕구가 충족되었을 때의 흐뭇하고 흡족한 마음이나 느낌	
보고 싶어 애타는 마음	
마음에 모자라 아쉽거나 섭섭한 느낌이 있다	
숨이 막힐 듯하고 애가 타고 갑갑하다	
아무 잘못 없이 꾸중을 듣거나 벌을 받아 분하고 답답하다	
화가 나거나 걱정 따위로 인해 마음이 불편하고 우울하다	
바라던 일이 뜻대로 되지 않아 마음이 몹시 상하거나 희망을 잃다	
비통한 마음이나 느낌	
홀로 되어 쓸쓸한 마음이나 느낌	
무서움이나 공포를 느낌	

*정답(위로부터): 기쁨, 그리움, 서운함, 답답함, 억울함, 속상함, 실망감, 슬픔, 외로움, 두려움

아이에게 묻고
제안하고 조율하자

아이가 자신을 표현하는 능력은 부모가 아이에게 물어봐주고
아이가 답하기 위해 머리를 바쁘게 사용하면서 가장 잘 발달한다.

아이가 부모에게 질문하는 경험이
즐거울 수 있게 해주자

필자가 미국에 유학을 가서 느꼈던 충격 중에 하나는 수업 중에 학생들이 교수에게 스스럼없이 질문을 하는 문화였다. 질문할 때 한국에서처럼 교수를 어려워하는 모습도 전혀 보이지 않았다. 심지어 어떤 질문 내용은 '뭐 저런 걸 다 질문하나' 싶은 정도의 사소한 것이었다.

필자는 미국에서 대학원을 마치고, 현지인들을 대상으로 상담하는 일을 하면서 총 10여 년의 세월을 보내고 한국으로 돌아왔

지만 아직도 일상에서 서슴없이 질문하는 것이 어려울 때가 있다. 많은 한국인들은 필자처럼 사람들과 함께 있는 자리에서 질문하는 것을 불편하게 생각하는 것 같다.

왜 그럴까? 한국 사람들이 질문하지 못하는 것은 질문할 줄 몰라서가 아니라 질문하는 것이 어색하고 어렵기 때문이다. 그 이유는 질문과 관련된 우리의 경험이 즐겁지 않았기 때문일 수 있다. 어렸을 때 물에 대한 무서웠던 경험이 있으면 수영하기가 겁나는 것과 같다.

아이들은 질문이 많다. 모르는 것이 많기 때문이다. 아이가 부모에게 물어볼 때 부모가 친절하게 대답해주면 아이는 계속 질문하고 싶을 것이다.

그런데 질문하는 아이에게 "왜?" "그냥 해" "뭐가 그렇게 궁금해?" 하고 면박을 주면 아이는 기가 죽고 질문하기가 겁이 난다. 우물물을 계속 퍼서 마시면 물이 마르지 않지만 오랫동안 사용하지 않으면 바닥이 마른다.

마찬가지로 아이에게 샘물처럼 솟아나는 질문을 부모가 잘 받아주면 계속 더 질문하고 싶어지지만 잘 받아주지 않거나 구박하면 오래지 않아 우물물이 마르듯이 질문하는 아이의 호기심과 의욕은 활력을 잃을 것이다.

아이의 질문에 부모가 당장 대답해주기가 어려우면 간단하게라도 이유를 설명해주자. 아이는 부모가 정답을 알지 못하는 것 때문에 실망하기보다는 자신의 질문을 귀찮아하는 모습에 서운하고 위축된다. 정답을 몰라도 부모가 아는 만큼 열심히 대답해주려고 하면 아이는 존중받는 기분을 느끼면서 부모에게 고마워하며 활기찬 모습을 유지한다.

아이가 부모에게 질문하고 답을 얻어가는 과정에서 안전하다는 느낌과 존중받는 기분을 경험하면 '아이는 마음껏 호기심을 가져도 돼'라는 마음의 메시지를 경험하면서 이후에 누구에게라도 질문하는 것을 어려워하거나 두려워하지 않는다.

부모가 아이의 질문을 성의껏 받아줄 뿐만 아니라 부모 자신도 아이에게 물어보면서 아이와 대화를 주고받자. 아이가 자신의 생각과 기분을 표현하는 능력은 부모가 아이에게 물어봐주고 아이가 그에 답하기 위해서 머리를 바쁘게 사용하는 과정에서 가장 잘 발달한다. 이렇게 질문과 토론을 통한 대화가 인간의 인지 능력 발달에 가장 유익하다는 것을 입증한 민족이 있다.

"20세기 최고의 발명품은 미국이고, 그 미국을 발명한 사람은 유대인"이라는 말이 있다. 미국 아이비리그 교수의 30%, 전체 노벨상의 25%, 노벨 경제학상의 40%를 수상한 사람도 유대인이다. 페이스북, 스타벅스, 크리스피 크림 도넛, NBC, ABC 방송사 같이 우리가 아는 유수의 기업들은 유대인이 창업자이거나 최고경영자이다. 인구가 전 세계에 2천만도 안 되는 유대인이 어떻게 이렇게 뛰어난 민족이 될 수 있었을까?

그들의 질문과 토론 문화 때문이다. 유대인들은 아이가 학교에 다녀오면 "오늘 무엇을 배웠니?"라고 묻지 않고, "오늘 무슨 질문을 했니?"라고 묻는다고 한다. 아이가 오늘 학교에서 배운 것을 말한다고 해도 아이가 그 지식을 다 소화했다고 볼 수는 없다. 그러나 무엇을 질문했는지를 들어보면 아이가 수업에 참여한 수준이나 이해 정도를 알 수 있기 때문이다.

유대인들에게 질문과 토론 문화가 가장 잘 이루어지는 곳은 가족이 함께 식사하는 자리다. 미국의 이론물리학자로서 노벨 물리학상 수상자이자 유대인인 데이비드 그로스David Gross는 한 기자간담회에서 다음과 같이 말했다.

"DNA로 인류의 기원을 추적해보면 모두 한 부모에서 나왔다는 사실을 알 수 있습니다. 그런 가운데 유대인이 우수한 이유는 유전자 때문이 아니라 저녁 밥상머리에서 부모님들이 자녀들의 궁금증을 풀어주는 대화 때문일 것입니다. 경제학 박사였던 부친과 다른 세 형제와 함께 매일 저녁을 먹으면서 다양한 주제를 두고 지적인 대화를 나눴습니다. 아버지는 질문을 던지고 아들들이 서로 답변을 하느라 경쟁하는 것을 즐기셨던 것 같습니다. 유대인이 탁월한 성과를 내는 이유는 유전적 요인이 아니라 질문하는 것을 존중하고 격려하는 문화 덕분입니다."

이처럼 유대인들에게 질문하고 토론하는 방식은 생활 전반에 스며들어 있다. 그들은 일상생활에서 서로 자유롭게 질문하고 답하면서 창의력을 키워간다.

이스라엘에서 가장 시끄러운 곳은 도서관일 것이다. 이스라엘 도서관에서는 보통 2명씩 앉아서 토론 중심으로 서로 큰 소리로 이야기하며 공부하기 때문이다. 이렇게 유대인들이 질문하고 토론하는 방식을 '하브루타'라고 한다. 유대인들은 질문과 토론을 통해 지식을 강화하고 창의력을 키우는데, 이것이 이스라엘을 세계적으로 우수한 민족으로 평가받게 한 원동력이다.

이스라엘 민족이 질문과 토론에 거침이 없는 데에는 그들의 '후츠파' 정신과 관련이 있다. 이 정신은 궁금한 것은 무엇이든 물어볼 수 있다는 이스라엘의 문화로 대담함, 뻔뻔함, 위대한 용기 같은 도전 정신으로 풀이된다.

이것은 유대인의 문화에 스며 있는 일종의 평등 문화이기도 하다. 아이가 어른에게, 부하 직원이 상사에게, 심지어 군대에서 병사가 장군에게 궁금한 것은 무엇이든 물어볼 수 있는 문화가 보편화되어 있다.

어떻게 질문하는 것이 좋을까?

긍정적으로 질문하자. "요즘 힘든 일 없니?"라는 말은 공감하는 질문처럼 들릴 수 있다. 그런데 아이들은 평상시에 이런 부정적인 질문을 별로 좋아하지 않는다. 그 말에는 부모가 자신을 힘든 일을 겪는 아이로 본다는 시각이 내포되어 있기 때문이다. 이런 질문은 아이가 정말 힘들어 보일 때만 하는 것이 좋다. 평상시에는 "요즘 재미있는 일 있니?" "요즘 무슨 일에 신이 나니?"처럼 긍정적으로 물어보는 것이 좋다.

열린 질문을 하자. 질문에는 닫힌 질문과 열린 질문이 있다. 닫힌 질문은 "예" 혹은 "아니오"로 대답할 수 있는 질문이고, 열린 질문은 주관식으로 대답하게 되는 질문이다. 부모가 열린 질문을 하면 아이는 자유롭고 다양한 각도로 대답할 수 있다. '무엇을'이나 '어떻게'로 시작하는 열린 질문을 던지면 아이의 대답에 담기는 정보가 풍부해진다. 예를 들어 "숙제 했어?" "잘했어?"라고 묻는 닫힌 질문보다는 "어떻게 생각하니?" "어땠어?" 같은 열린 질문을 하는 것이다.

'왜'로 시작하는 질문은 피하는 것이 좋다. "왜 그런 거야?" "왜 못해?" 이런 질문은 순수한 질문이기보다는 아이를 혼내거나 추궁하기 위해 사용하는 경우가 대부분이다. 아이는 이런 질문을 듣자마자 자기 행동을 합리화하는 데 급급하거나 방어적으로 변할 수 있다. 그러면 질문과 토론의 '즐거움'은 사라지고, 어서 빨리 이 순간을 모면하고 싶은 조급함이 앞서게 된다.

부모와 아이가 서로 묻고,
제안하고, 조율하자

부모가 아이의 감정을 읽어주는 정서적 공감을 해준 다음에, 아이에게 "어떻게 하면 좋겠니?"라고 묻는다면 보통 10명 중 8명의 아이는 "몰라(요)"라고 대답한다. 그럼에도 불구하고 아이에게 물어봐주는 것이 중요하다. 왜냐하면 아이는 "몰라"라고 대답하지만 부모가 자신에게 물어봐준 것 때문에 존중감을 느끼고, 이후로는 부모가 제안하는 것을 귀담아 듣게 되기 때문이다.

아이는 "어떻게 하면 좋겠니?" 하는 부모의 질문에 처음에는 "몰라"라고 대답했지만 잠시 후 자기 의견이 생각나 뒤늦게 대답을 할 수도 있다. 그러면 부모와 아이는 서로의 의견을 조율하면서 좁혀 나간다. 이 같은 조율 과정은 마치 경제 그래프에서 수요와 공급의 곡선을 맞춰가는 것과 비슷하다.

열 살 승준이가 부모님과 같이 야구장에 놀러가기로 한 날 비가 보슬보슬 왔다. 비가 더 오면 야구 경기가 취소될 수도 있었다. 아이는 오늘 경기를 꼭 경기장에서 부모님과 함께 보고 싶었다. 빗줄기가 더 쎄지자 경기가 취소되었다는 문자가 왔다. 아이는 실망감으로 참았던 눈물이 터졌다. 아빠가 승준이에게 말한다. "비가 왔으니 어쩔 수 없네. 너는 너 하고 싶은 거 하고, (아내에게) 당신은 당신 하고 싶은 거 하자. 오케이? 해산!"

아이는 비가 와서 야구 경기장에 못 간 것도 실망스럽고 화가 나는데, 아빠는 혼자 결정하고 "해산"이라니! 아이는 경기장에 못 간 것보다 아빠가 일방적으로 통보한 것 때문에 더 실망했다. 아빠가 아이에게 이렇게 반응했다면 어땠을까?

아빠 : 승준아, 오늘 비가 와서 야구 경기가 취소됐네(반영). 승준이가 기대하던 경긴데, 못 가게 돼서 실망이 크겠다. 아빠도 이렇게 실망이 큰데 말이야(정서적 공감).

아이 : 모르겠어요.

아빠 : 그래, 모르겠구나(반영). 승준이 기분이 어떤지 솔직히 말해줄래?(질문)

아이 : 화가 나요.

아빠 : 화가 나는구나(반영). 더 얘기해줄래?(제안)

아이 : 지난번에 야구 보러 갈 때도, 비가 와서 못 갔잖아요. 하늘한테 화가 나요.

아빠 : 아, 그래 하늘한테 화가 나는구나. 그럴 수 있겠다(인지적 공감). 그럼 승준아, 어떻게 하면 좋겠니?(질문)

아이 : 모르겠어요.

아빠 : 오늘 경기에 못 가는 대신에 극장에서 영화를 보는 건 어떨까?(제안)

아이 : 극장에서 영화 보는 건 별로고, 실내 야구장에 가고 싶어요(제안).

아빠 : 그래? 좋은 생각인데? 좋았어. (아내에게) 당신은 어때? 실내 야구장 괜찮아?

엄마 : 좋아요. 두 사람은 거기서 노는 동안 나는 옆의 백화점에서 세일하는 물건 좀 봐도 될까요?(질문)

가족 : 좋아(조율).

비가 와서 야구 경기가 취소되어 아이가 실망한 날, 아빠의 일방적인 '해산' 통보로 아이는 종일 시무룩한 하루를 보낼 수도 있었다. 하지만 부모와 아이가 안전 공감 대화법으로 소통하고 조율하면서 실내 야구장에 가는 대안을 마련함으로써 가족은 날씨에 상관없이 즐겁게 하루를 보낼 수 있었을 것이다.

가족의 중심은 부부다. 가족은 부부로부터 시작되고 확장되기 때문이다. 가족은 부부 관계와 부모 자녀의 관계로 구성된다. 부부 관계에는 3가지 유형(가부장, 맞장, 협장)이 있다. '가부장'이나 '맞장' 유형에 고착된 부부는 부부 관계가 평등하지 않거나 서로 소통하는 방식이 안전하지 않기 때문에 역기능적이다. 반면에 '협장' 유형인 부부는 서로 평등하고, 배우자와의 관계를 가장 우선시하며, 신뢰를 바탕으로 대화하기 때문에 순기능적이다.

　　부모와 자녀 관계는 부모가 자식보다 언제나 윗사람이라는 '위계'가 필요하다. 부모는 자녀가 태어난 순서에 상관없이 평등하고 공평하게 대해야 한다. 한정된 인생을 후회 없이 사는 비결은 소중한 것을 우선순위로 시간을 사용하는 것이다. 소중한 사람들(가족)과 보내는 양질의 시간을 우선순위로 삼아 실천하는 것은 시간을 가장 잘 사용하는 것이다.

chapter 8

★

부부의
'괄호'부터
먼저 풀어라

행복한 가족은
그들만의 구조가 있다

남편과 아내 사이는 평등하고, 서로에게 우선순위다.
부모와 자녀 사이에는 위와 아래, 즉 위계가 있다.

부부 사이는 평등하고
서로가 우선순위인 관계다

가족은 영어로 'family'다. 이 단어의 어원에 얽힌 에피소드가 있
다. 어느 날 필자가 버스를 타고 귀가하던 길에 있었던 일이다. 버
스에는 라디오가 켜져 있었고, 한 프로그램에서 여자 아나운서와
한 남자 게스트가 이런저런 이야기를 주고받았다. 남자 게스트가
여자 아나운서에게 물었다.

게스트 : 가족이 영어로 family잖아요?

아나운서 : 네.

게스트 : 패밀리가 어떤 말의 줄임말인 줄 아세요?

아나운서 : (약간 놀라는 목소리로) 패밀리가 줄임말이었어요?

게스트 : 네. Father, Mother, I Love You. 아빠 엄마, 제가 사랑해요. 하하.

아나운서 : 정말 그렇네요. 하하.

게스트 : 저도 확실히 알고 말씀 드리는 건 아니고요, 어디서 들은 거예요. 그럴 듯하죠?

아나운서 : 네.

필자도 라디오를 들으면서 '정말 그럴 듯하다'는 생각을 했다. family라는 단어 속에 아이가 아빠 엄마를 사랑한다고 말하는 장면이 들어 있다니! 우리가 '가족' 하면 떠올리는 모습과도 다르지 않았다. 여기서 한번 생각해보자. '가족'이란 무엇인가?

오랫동안 함께한 직원을 '한솥밥 먹는 가족'이라고 말하고, 고아원 원생들은 원장님을 아버지, 원장님 아내를 어머니라고 부른다. 반려동물 1천만 시대, 반려견, 반려묘를 '우리 가족'이라고 말한다. 부모의 이혼과 재혼으로 새 아빠, 새엄마와 함께 새로운 가족을 구성하기도 한다. 오랫동안 가깝게 지내온 친구나 이웃에게도 가족 같은 친밀함을 느낄 수 있다. 이렇듯 가족이란 단어가 포함하는 개념은 넓고도 다양하다.

그런데 어떤 형태의 가족이든 간에 그 안에는 관계와 상호작용이라는 공통점이 있다. 가족관계에서 어떤 상호작용을 하느냐에 따라서 기능적인 가족과 역기능적인 가족으로 구분하기도 한다. 본 장에서는 일반적으로 통용되는 가족의 개념인 부부 관계와 부모 자녀의 관계를 중심으로 가족의 구조를 알아보고자 한다.

먼저 부부 관계다. 부부는 모르던 남남이 인연으로 만나 가족이 된 경우다. 가족 치료 교과서에 보면 가족의 시작은 '부부가 되었을 때'이고 가족의 해체는 '부부 중 한 명이 사망하거나 이혼으로 부부가 해체되는 것'이다. 부부는 가족의 핵심이다. 이러한 부부 관계는 크게 3가지 유형으로 나눌 수 있다.

첫 번째는 '가부장'이다. 이 유형은 남편과 아내 사이가 평등하지 않다. 한쪽이 높고, 한쪽이 낮다. 〈한겨레〉 신문에서는 가부장을 "남성의 언어로 해석하고 편집하며, 여성의 말하기는 계속 실패하는 것"이라고 했다. 주로 남성이 경제 생활의 주체가 될 때 이런 부부 관계가 된다. 요즘은 아내가 경제 리더 역할을 하면서 가모장인 가정도 적지 않다. 가부장인 가정은 가장이 가장 윗사람이고 가정의 중심이다.

이러한 가정은 가장을 중심으로 안정적으로 사는 것처럼 보일 수 있다. 하지만 부부간의 '평등한' 대화나, 부모 자녀 사이에 열린 소통이 어렵기 때문에 부부 사이나 부모 자녀 사이에 친밀감을 형성하기가 쉽지 않다. 주로 남편(아버지)이 말하고, 아내(엄마)와 자녀들은 듣는다. 그러다가 스트레스가 높아지면 남편(아버지)은 화를 내고(폭력), 아내(엄마)와 아이는 참는다(침묵). 이런 남편은 보통 권위적인 아빠가 되고, 엄마는 침묵하는 가운데 아이를 보호하는 사람이 된다.

남편과의 대화가 어려운 아내는 남편보다 자녀 중심으로 생활하게 되고, 남편은 아이들을 더 우선적으로 챙기는 아내에게 서운함을 느끼기도 한다. 남편은 아내에 대한 서운함을 대화로 풀기보다 화를 내고 욱한다. 아내는 이런 남편이 답답하면서도 참는 패턴을 반복한다. 이 과정에서 아이들은 불안함과 답답함 그리고 무서움 같은 감정을 느끼고 스트레스를 받는다.

두 번째는 '맞장'이다. 이 유형의 남편과 아내 사이는 평등하다. 하지만 서로 감정적으로 반응하면서 부부 싸움을 반복한다. 이것을 부부간의 '힘겨루기'라고 말하기도 한다. 고래 싸움에 새우 등 터지듯이 부모가 이렇게 자주 싸우면 아이들의 마음이 상하고 불안하다. 자녀 입장에서는 이렇게 감정적으로 '맞장을 뜨는' 부모와 함께 사는 것이 마치 '화'라는 폭탄이 언제 터질지 모르는 전쟁터에 사는 것 같다. 자녀들은 안심하고 편하게 쉴 수 없고, '폭탄'이 터지면 언제든 피하거나 숨을 준비에 불안감을 가지고 산다.

부부가 처음부터 서로에게 감정적으로 반응하지는 않았을 것이다. 서로 대화하려는 노력이 번번이 실패로 돌아갔기 때문이다. 소통 방식은 상대를 무시하는 비난형이거나, 관계나 사람보다 상황만 존중하는 초이성형 방식을 사용했다. 내 입장을 먼저 이해받고

자 했고, 내 심정을 먼저 알아주기를 바라는 자기중심적인 태도를 유지했다. 상대 배우자에게 묻고 제안하기보다는 내가 말하고 통보하고 지시하는 방식의 사용이 점점 더 빈번해졌다.

그러는 가운데 남편과 아내는 서로를 소통이 안 되는 이기적인 존재로 인식하게 되었다. 서로 언성을 높이며 싸우는 것이 피곤하고 힘들기 때문에 다투게 될 상황을 만들지 않으려고 노력하면서 서로 눈치를 보고 방어적이 되어 대화를 잘 안 하게 된다(침묵). 진솔한 소통이 부족하다 보니 서로에 대한 실망과 오해가 커지고, 이런 감정이 쌓여 어느 한 순간 작은 스트레스에도 분노가 욱하고 터지면서 다시 감정적인 싸움이 반복된다(폭력).

세 번째는 '협장'이다. 이 유형의 남편과 아내 사이는 평등하고, 서로 대화하며, 서로가 우선순위인 관계다. "손바닥도 마주쳐야 소리가 난다"는 속담처럼 '협장'은 두 손으로 손바닥을 치는 것처럼 협력하고 대화하는 부부 관계다. 부부 사이에 대화가 가능하고, 아빠 엄마로서 양육에 대해 협상하고 조율하기 때문에 부모 자녀 문제가 더 잘 풀린다.

'협장' 부부는 감정적으로 흥분하는 것이 아니라 의식적이고 의도적으로 차분한 대화를 하는 부부다. 이런 부부는 상대를 비교하거나 비난하고 욱하는 반응 대신 안전하게 '나' 전달법으로 말하고, 반영, 공감, 질문, 제안 같은 방법을 통해 경청하며 소통한다.

한편, 가부장이나 맞장 부부 형태가 반드시 잘못된 것은 아니다.

문제는 가부장이나 맞장이라는 한 가지 형태에 고착되어서 융통성을 발휘하지 못하기 때문이다. 반면 협장 부부는 가부장이나 맞장이라는 한 가지 방식에 고착되어 있지 않다. 가부장과 맞장을 상황과 필요에 따라서 협상과 조율을 통해 교차적으로 사용한다. 즉 협장 부부는 필요에 따라서 가부장 부부처럼 남편이나 아내가 위에서 리더 역할을 할 때가 있고, 맞장 부부처럼 치열한 공방전을 벌이는 등 부부의 역할에 융통성이 있다.

예를 들어 명절에는 아내가 가모장 역할을 하면서 집안일을 진두지휘하고, 가족 여행 때는 아빠가 가부장 역할을 하면서 리더십을 발휘한다. 자녀 양육에 관한 가이드라인을 정할 때는 부모가 맞장 유형으로 서로 머리를 맞대고 대화를 통해서 자녀 양육에 관한 지침을 협의한다.

부모와 자녀 사이에는
위계가 있다

부모와 자녀 사이에는 위아래, 즉 위계가 있다. 부모가 윗사람이고 자녀가 아랫사람이다. 부모 자녀 사이에 위계가 있는 이유는 그것이 가족을 가족답게 만드는 자연스러운 질서이기 때문이다. 이것은 마치 물이 위에서 아래로 흐르는 것과 같다.

거창하게 말하자면 이것은 우주적인 질서 같은 것이다. 지구가 태양을 도는 공전의 주기가 조금이라도 느려지거나 빨라지면 지구 생태계의 생존이 위태로워진다. 지구와 태양의 거리가 지금보다 멀면 대부분의 생물은 추위로 얼어 죽고, 조금이라도 가까우면 뜨거운 열을 이길 수 없어 고사하거나 타죽을 수밖에 없다.

이러한 우주적 질서처럼 부모 자녀 사이의 위계는 가족의 가족다움을 위해서 반드시 지켜져야 한다.

〈벤자민 버튼의 시간은 거꾸로 간다〉는 영화가 있다. 영화 주인공인 벤자민은 태어날 때 이미 100세는 되어 보이는 모습이다. 그런데 나이를 먹을수록 점점 젊어지다가 결국은 아기의 모습이 되어 아내 곁에서 죽는다. 설령 당신의 부모님이 이 영화처럼 어느 순간 당신보다 젊어지시다가 아기의 모습으로 돌아가신다고 해도 부모님은 자식의 '윗사람'이다.

부모에게는 자녀의 윗사람으로서의 권위가 있다. 부모에게 권위가 있다는 것은 윗사람으로서 더 많은 힘과 권한을 가진다는 것이다. 이것은 권한을 남용해 권위적이 되는 것과는 다르다. 부모로서의 권한과 권위가 주어진 이유가 무엇일까? 부모에게는 자녀를 적절하게 돌보고 양육해야 할 책임이 있기 때문이다. '내리 사랑'이라는 말이 있듯이 부모는 마치 폭포수가 위에서 아래로 떨어지듯 자녀에게 삶의 노하우와 통찰을 전수하는 역할을 맡고 있다.

요즘은 권위가 있는 부모보다 친구 같은 부모, 아이를 잘 이해해주는 부모를 지향하는 경우도 많다. 이런 부모는 아이의 자율적인 성장을 중요하게 여긴다. 하지만 그전에 아이에게 가르쳐야 할 것은 부모의 권위다. 친구처럼 격이 없고 자상한 부모가 나쁘다는 것은 아니다. 하지만 부모와 자녀가 수평적인 친구가 되어서는 안 된다.

부모가 형제 자매를 대하는 데에는 '공정함'이 필요하다. 형제 자매는 태어난 순서나 나이의 많고 적음에 상관없이 동등한 수평 관계이다. 따라서 부모는 자녀들을 대할 때 평등하게 대해야 한다.

나는 우리 집 첫째야. 밑으로 여동생인 은서가 있어. 아빠는 늘 나만 나무라지. 은서가 내 모형 자동차를 망가뜨려 화내면 오빠니까 참으래. 속상해서 울기라도 하면 사내 녀석이 눈물이나 찔찔 짠다나? 아빠는 어릴 때 한 번도 안 울었나 봐. 시험 점수를 나쁘게 받아오면 오빠가 잘해야 동생도 따라 잘한대. 공부란 자기가 열심히 해야 잘하는 거지, 동생이 오빠 따라서 저절로 공부 잘해? 텔레비전 볼 때도 은서는 아빠 무릎에 앉아서 봐. 아빠 무릎은 2개인데 양쪽에 하나씩 앉으면 안 돼? (『아빠는 내 마음 알까?』)

"언니니까 동생에게 양보해야지"라는 말은 공정하지 않다. 그냥 "동생에게 양보해줄 수 있니?"라고 물어보는 편이 낫다. "네가 형이니까 더 잘해야지?"라고 말하기보다는 담백하게 "잘하자"라고 말하는 것이 낫다. 즉 부모가 자녀를 대할 때는 태어난 순서에 따라 차별하지 말고 평등하게 대하고 공정한 사랑을 주자.

가족 방정식은
부부의 '괄호'부터 먼저 풀어라

가족 문제를 풀다 보면 기승전 부부 문제라고 해도 과언이 아니다.
즉 가족의 행복은 부부간의 화목에 달려 있다.

가족 문제를 푸는 열쇠는
행복한 부부 관계에 있다

가족은 부부로부터 시작된다. 가족 치료 교과서에 보면 "가족
의 시작과 끝은 '부부'다"라고 말한다. 필자가 지난 십수 년간 상
담을 진행하면서 경험하는 것은 아이의 부적응 이면에는 부부간
의 갈등이 있는 경우가 많다는 것이다. 가족 문제를 풀어가다 보
면 기-승-전 부부 문제라고 말해도 과언이 아닐 정도다. 즉 가족
의 행복은 부부간의 화목에 달려 있다.

다음 방정식의 답을 내리려면 어떻게 풀어야 할까?

'7-(2x3)-1=____'이다.

그렇다. 괄호부터 먼저 계산한 다음 앞에서부터 풀어 나가야 정답을 얻을 수 있다. 그렇게 해서 나오는 정답은 0이다. 만약 괄호를 먼저 풀지 않고 앞에서부터 풀어 나간다면 '7-2x3-1'이 되어서 '14'라는 오답을 얻게 된다.

이 방정식을 가족 관계에 비유할 때 가족 관계 방정식에서 가장 먼저 풀어야 할 괄호는 부부 관계다. 가족 문제는 부부가 서로를 가장 우선순위인 관계로 대할 때 풀리는 경우가 많다.

부부간의 화목이 가정과 가문에 미치는 영향에 대해서 두 집안을 비교한 유명한 연구가 있다. 18세기 말 비슷한 시기에 결혼해 가정을 이룬 조너선 에드워드Jonathan Edwards와 막스 주쿠스Max Jukes는 평범한 가정을 이루었다. 에드워드 부부는 정직하고 성실한 태도로 자녀를 하늘이 준 선물로 여겼다. 반면에 주크스 부부는 영리했지만 부부 사이가 극도로 나빴으며 그 집안에는 알코올 중독과 도박이 끊이지 않았다.

미국에서는 이 두 집안에서 총 4대에 걸친 200년의 시간 동안 어떤 후손들이 나왔는가를 연구했다. 막스 주크스의 자손 가운데 310명이 거지로 살았고, 후손의 1/3이 정신병을 앓았으며 절반 이상이 문맹자로 마약사범, 알코올 중독, 범죄자의 길을 걸었다. 결론적으로 그의 가계는 미국 정부에 큰 손해를 끼친 것으로 평가받았다.

반면 조너선 에드워드 가문은 수많은 교수, 변호사, 판사 및 100명의 선교사를 배출했다. 조너선 에드워드의 가계 출신 가운데 어느 한 사람도 미국 정부에 해를 끼치거나 짐이 된 사람은 없는 것으로 평가되었다.

데이비드 옥스버그David Oxburgh 박사는 이 두 가문에 대한 연구를 경제학의 논리로 조사한 바 있다. 먼저 그는 조너선 가족의 자녀들이 부모로부터 받은 유산을 물질적인 값으로 환산해보았다. 그의 계산에 따르면 조너선 부부가 서로 사랑하고 존경하는 모습을 자녀들이 볼 때마다 한 번에 4천 달러, 우리 돈으로 400만~500만 원 정도의 유산을 물려받게 된다고 주장했다.

조너선 부부의 자녀들이 아침 일찍부터 어머니, 아버지가 정답게 마주앉아 있는 모습이나 아버지가 퇴근해서 평화롭게 저녁 식사를 준비하는 어머니의 어깨를 살짝 안고 귓가에 사랑한다고 속삭이는 모습을 두세 번만 봐도 자녀들은 하루에도 1만 달러, 즉 1천만 원이 넘는 유산을 받는 셈이다.

이런 식으로 고등학교를 졸업하고 집을 떠날 때까지 조너선 가문의 자녀들이 부모로부터 받게 되는 유산은 평균 1천만 달러, 즉 110억 원에 달한다고 한다.

모든 부부가 결혼할 때는 조너선 부부처럼 화목하게 살고 싶지만 그렇게 되지 못하는 이유는 무엇일까? 가장 기본적인 이유는 부부 중심이 되지 못했기 때문이다. 가족에 대한 연구에서는 순기능 가정과 역기능 가정의 차이를 부부가 서로에게 우선순위 관계이면 순기능 가정이고, 그렇지 못하고 배우자 이외에 더 긴밀하고 친한 관계가 있으면 역기능 가정으로 본다.

부부가 서로에게 우선순위 관계가 되지 못하는 이유 중 하나는 자신의 원 가족 부모가 우선순위이기 때문이다. 이것을 가족 치료 용어로 '원 가족 미분화'라고 말한다. 이런 부부의 특징은 나의 최우선순위가 배우자가 아니라 원 가족 부모(특히 어머니)다.

남편은 너무 착하고, 성실하고 아이와 잘 놀아준다. 하지만 아내가 남편을 답답하게 느끼는 이유는 남편이 시골에 혼자 계신 어머니가 내려오라고 하면 언제든 아내와 상의 없이 내려가는 것이다. 시어머니는 때로는 아들에게 소리를 지르며 내려오라고 하신다. 심지어 첫아이 임신하고 의사가 차를 타면 유산의 위험이 있다고 했는데도 아내를 데리고 내려갔다. 아내는 이때 남편의 우선순위가 어머니인 것을 알게 되었다.

이렇게 원 가족으로부터 미분화된 배우자는 종종 자신의 원 가족 편을 들고, 그들의 마음을 다 알고 있는 것처럼 말한다.

"우리 엄마 그런 사람 아니거든. 우리 엄마 마음을 내가 아는데, 우리 엄마가 그렇게 말한 건 다 이유가 있어서일 거야."

배우자가 이렇게 말하면 "당신은 누구 편이야?"라는 말이 저절로 나온다. 그럴 때 배우자는 "니 편 내 편이 어디 있어? 다 같은 한편이지" 하며 얼버무린다. 만약 아내가 남편에게 이런 말을 들었다면 아내는 남편과 시어머니가 함께 사는 집에 자신이 얹혀사는 것 같은 기분이 들어 외롭고 소외감이 들 것이다.

결혼 5년차, 세 살 된 딸이 있는 경준 씨, 지금은 아내와 딸과 함께 행복하게 지내지만 왠지 모르게 시간이 지나면 자신이 집안에서 왕따가 될 것 같은 불안감이 있다. 그래서 딸과 더 잘 놀아주려고 한다. 경준 씨의 방법은 옳은가?

아내는 이런 경준 씨의 고민이 쓸데없다고 말한다. 아내의 가장 큰 관심사는 자신이 남편의 최우선순위가 되는 것인데, 남편은 딸과 잘 놀아주는 것에만 몰두한다. 경준 씨가 어떻게 해야 부부 관계가 개선될 수 있을까?

아내와의 관계를 최우선순위로 정해야 한다. 시간을 내서 아내와 대화하는 시간을 갖고, 선물을 주면서 친밀한 관계를 갖도록 노력한다. 이것이 순기능 가정, 행복한 가정을 만들어가는 최고의 길이다. 이렇게 부부가 먼저 서로를 최우선 관계로 삼아서 친밀한 팀워크를 이룰 때 아이에게 가장 좋은 양육 환경을 제공해 줄 수 있다.

행복한 부부 관계의 조건은
신뢰와 대화다

앞서 말한 원 가족 미분화를 비롯해서 부부의 친밀함과 가족의 행복을 방해하는 대표적인 2가지 요인이 있다. 첫째는 부부가 서로에 대한 신뢰가 깨진 것이고, 둘째는 부부간에 소통의 어려움을 겪기 때문이다.

첫째, 부부간에 신뢰가 깨진 이유는 부부가 서로에게 했던 명시적 혹은 암묵적 약속을 지키지 않았기 때문이다. 명시적 약속은 부부가 서로 말이나 글로 약속을 확인한 것이다.

예를 들어보자. 아내가 남편에게 늘 당부한다. "10시 넘어서 들어오게 되면 6시 전에는 문자나 전화 부탁해요." 남편은 "그래, 알았어"라고 늘 대답하지만 그 주에 2번은 사전에 문자나 전화 없이 10시가 넘어서 들어왔다. 아내는 무시당했다는 느낌에 화가 났고, 남편과 다투는 계기가 되었다.

여기서 문제가 된 것은 남편이 밤 10시 이후에 들어온 것이 아니다. 그전에 남편이 아내와 약속한 대로 미리 문자나 전화를 하지 않은 것과 아내가 화난 것을 보고도 사과를 하지 않았기 때문이다. 부부간의 신뢰를 회복하기 위해 필요한 것은 서로 명시적 약속을 하면 그것을 지키는 것이다. 만약 지키지 못했을 때는 솔직하게 인정하고 사과하는 것이다.

암묵적 약속은 부부간의 정절처럼 사회 통념상 지켜야 하는 것으로서 이 약속을 어기는 대표적인 예가 외도다. 일단 외도가 드러나면 상대 배우자는 커다란 충격과 배신감 그리고 신뢰가 무너지는 경험을 한다. 이러한 경험을 딛고 회복에 이르기까지는 지난한 과정이 필요하다. 여기에는 3단계가 필요하다.

1단계: 외도 관계를 끊는다.

2단계: 배우자에게 자신의 일정을 투명하게 공개한다.

3단계: 배우자와의 대화와 관계 증진에 헌신한다.

두 번째는 부부가 감정적으로 반응하기 때문이다. 예를 들어서 남편 또는 아내가 "여보, 내 자동차 열쇠 어디 있는지 못 봤어?"라고 묻는데, 그 말에 대해 아는 대로 대답하는 대신 감정적으로 되받아치는 대답, 즉 "그걸 내가 어떻게 알아?" 식의 대답이 감정적인 반응이다. 몇 가지 예를 더 들어보자.

"내 지갑 혹시 못 봤어?" → "당신은 왜 맨날 뭘 잊어먹고 그래?"

"우리 식사 언제 할 거예요?" → "왜? 벌써 배고파?"

"쓰레기 봉지 좀 버리고 와요." → "당신 눈에는 내가 지금 놀고 있는 것처럼 보여?"

이렇게 감정적으로 대응하는 부부는 점점 서로의 관계가 피곤해지고, 부부 관계에서 생기를 잃어갈 것이다. 또한 함께 사는 자녀는 불안과 긴장을 경험하면서 고통받을 것이다. 그렇다면 이런 부부는 어떻게 소통하는 것이 좋을까?

첫째, 감정적인 대답 대신에 묻는 말에 아는 대로만 대답하자. 즉 내가 아는 그대로, 모르면 모르는 그대로, 그냥 묻는 말에만 대답해보자.

"내 지갑 혹시 못 봤어?"→"못 봤어." 혹은 "책상 위에 있던데."

"우리 식사 언제 할 거예요?"→"10분만 있다가 해요."

"쓰레기 봉지 좀 버리고 와요."→"5분 있다가." 아니면 "나 지금 바쁘니까 당신이 좀 버려줄래?"

이렇게 배우자가 묻는 말에 내가 아는 그대로, 있는 그대로 대답하면 부부 사이에서 발생하는 불필요한 감정 충돌을 줄일 수 있다.

둘째, '행동 변화 동의서'를 작성해서 지키자. 부부간에 특정한 행동 때문에 반복해서 싸운다면, 서로 간에 지켜주었으면 하는 행동을 서면으로 적은 다음 서로 동의한다는 서명을 하고 지키자. 부부가 함께 작성한 동의서를 두 사람이 모두 볼 수 있는 곳에 붙여두자. 자녀가 그것을 보는 것이 싫으면 각자 보관할 수 있다.

자주 싸우는 50대 부부가 있었다. 아내는 권위적인 남편이 무서워서 남편에게 묻지 않고 일을 벌이고, 남편은 아내가 자신에게 묻지 않고 일을 벌이니 자신을 무시하는 것 같아 화가 났다. 한번은 남편이 사용하는 책상을 아내가 묻지 않고 치운 것이 화근이 되었다. 남편은 그간 아내에게 쌓였던 스트레스가 욕으로 튀어나왔다. 아내는 비참한 마음이 들었고 더 침묵하게 되었다.

이렇게 번번이 싸우는 부모들을 보다 못한 자녀가 부모님을 상담센터로 모시고 왔다. 부부는 서로 싸우고 싶지 않았지만 방법을 몰랐다. 상담사는 부부가 서로 개선해주었으면 하는 행동을 서면으로 작성하도록 도왔다.

남편이 계약서에 쓴 내용은 다음과 같다. 첫째, 아내는 밤 10시 이후에는 주방에서 일을 하지 않을 것. 남편은 종달새형이라 일찍 일어나고 밤 10시면 무슨 일이 있어도 잠자리에 드는데, 올빼미형인 아내가 10시 이후에 주방에서 일을 하면 귀가 예민한 남편이 깨기 때문이다. 둘째, 아내는 남편의 책상을 남편의 동의 없이 치우지 않을 것.

아내가 계약서에 쓴 내용은 한 가지였다. 남편은 어떠한 경우에도 아내에게 욕을 하지 않을 것.

부부는 상담에 참여한 몇 주 동안 이 계약을 잘 지켰고, 부모와 함께 사는 아들도 부모님이 싸우지 않고 생활하시니 자신도 마음에 점점 안정감이 생기는 것 같다며 만족해했다.

가장 소중한 것을 위해
먼저 시간을 내자

"최선을 다한다고 일등이 되거나 성공하는 것은 아닙니다.
하지만 분명히 변화는 생길 것입니다."

인간이 시간에 대해 할 수 있는
유일한 반응은 시간 '관리'다

〈곡성〉이라는 제목의 한국 영화가 2016년 장안에 화제를 불러일으킨 적이 있다. 내용의 독특함 때문이기도 했는데, 귓가에 맴도는 대사가 있어서 한층 더 유명해졌다. 극중 주인공 종구(곽도원)의 딸인 효진이가 내뱉는 "뭣이 중한디? 뭣이 중하냐고!"라는 말이다. 우리의 인생에서 중요한 것은 무엇인가?

인생에서 정말 중요하고 가치 있는 것은 옆에서 함께 걸어가는 가족, 친구처럼 함께하는 사람들이다. 살면서 사랑하는 사람과 함께하는 것보다 더 가치 있는 것은 없다. 그중에서도 가족이 핵심이다. 아프리카 속담에 "빨리 가려면 혼자 가고, 멀리 가려면 함께 가라"는 말이 있다. 가족 때문에 아프기도 하지만 인생이라는 긴 여정의 행복을 보장하는 것도 결국 함께하는 가족이 있기 때문이다.

부모와 자녀가 이 땅에서 가족으로 함께 살 수 있는 시간은 한정되어 있다. 각자가 가진 시간의 양은 다르지만 언젠가는 '떠난다.' 가족인 부모와 자녀가 살아 있는 동안 주어진 하루는 24시간이다. 누구도 그것을 더하거나 뺄 수 없고, 아무리 비싼 가격을 치르더라도 단 1초도 살 수 없다. 부모와 자녀가 생명을 가진 동안 한정된 시간에 대해서 할 수 있는 유일한 반응은 주어진 시간을 어떻게 보내며 관리하느냐다.

세계적인 동기부여 전문가였던 스티븐 코비Stephen Covey는 그의 책 『소중한 것을 먼저 하라First Things First』에서 사람들이 시간을 관리할 때 갖는 기준은 '중요성'과 '긴급성'이라고 말했다. 그는 이 2가지를 가지고 시간 관리를 4사분면으로 나누어서 설명했다.

먼저 1사분면이다. 도표에 적혀 있는 내용을 살펴보자. 임박한 출산이나 촉각을 다투는 수술은 급하고 중요한 일이다. 이런 일에는 어떤 것보다도 최우선적으로 시간을 들인다. 그런데 이런 일은 살면서 자주 생기는 것은 아니다. 한편, 내일로 다가온 승진 시험은 갑자기 내일로 다가온 것이 아니다. 시험 날짜는 이미 몇 달 전부터 예고되어 있었다.

	급한 일	덜 급한 일
중요한 일	**1사분면** 내일로 다가온 승진 시험 임박한 출산 촉각을 다투는 수술	**2사분면** 주말에 가족과 함께 보내는 시간 아이나 배우자의 생일을 함께하는 시간
덜 중요한 일	**3사분면** 당일 잡힌 친구와의 회식 취미 활동	**4사분면** 하루 종일 스마트폰 보기, 게임 하기 TV 보기, SNS 하기, 잡답 하기

다만 준비를 미루다가 시험일이 내일로 다가왔고, 벼락치기를 하려다 보니 다른 것들은 신경 쓸 수 없게 급한 일이 된 것이다. 즉 중요한 일을 미루다 보니 급한 일이 된 것이다. 그래서 1사분면에 시간을 많이 쓰는 사람은 중요한 일을 종종 미루는 사람이다.

3사분면의 시간을 우선순위로 삼는 사람은 주중에 있는 회사 회식에 거의 빠지지 않는다. 회식도 업무의 연장이고, 승진을 위한 보이지 않는 다리라고 믿는다. 주말에 친구에게 연락이 오면 거절하는 법이 없다. 아이는 아빠가 낯설 만큼 만나기가 어렵고, 아내는 '독박 육아'라며 불만이 크다.

3사분면의 사람들은 무조건 오케이 하는 예스맨이다. 3사분면의 사람들은 거절을 잘 못하다 보니 별로 중요하지 않은 일을 급한 일로 여기며 시간을 보낸다. 내가 3사분면에 시간을 많이 쓰는 사람이라면 더 중요한 일을 위해서 '안 돼'라고 말하며 거절할 수 있는 용기와 단호함이 필요하다.

4사분면은 아마도 많은 부모들이 퇴근 후나 주말을 보내는 시간일 것이다. 하루 종일 TV를 보거나 비디오 게임 하기, SNS 하기 혹은 끊임없이 누군가와 통화 하기다. 이런 부모는 "귀찮다" "피곤하다"는 말을 입에 달고 사는 게으른 유형이다. 미래에 대한 계획이나 책임감 혹은 시간 관리에 대한 개념이 희박하기 때문에 '되는 대로' 아무렇지 않게 시간을 보낸다. 4사분면의 시간은 이제부터는 줄여 나가야 한다.

2사분면을 우선순위로 사는 것이
시간 관리를 가장 잘하는 것이다

마지막으로 2사분면이다. 스티븐 코비는 2사분면의 시간을 임종 직전의 사람들이 남긴 말들을 예로 들어서 설명한다. 임종 직전의 사람들이 마지막으로 남기는 말 중에는 취득하지 못한 학위나 가보지 못한 나라 혹은 구입하지 못했던 고급 시계에 대한 아쉬움은 없었다.

임종을 앞둔 대부분의 사람들이 남기는 말은 사랑했던 사람들과 더 함께하지 못했다는 것이다. 2사분면의 시간은 덜 급하지만 중요한 일, 즉 소중한 사람들과 함께하는 양질의 시간이다.

2사분면은 우리가 우선순위에 두고 지속적으로 시간과 자원을 사용해 잘 관리하고 '가꾸어야' 할 영역이다. 우리가 이 부분에 시간을 보내는 것을 우선순위로 하여 그 영역에서 양질의 시간을 보내도록 정성을 기울일 때 균형 잡힌 삶, 보다 행복한 삶을 살 수 있다.

지금 당신이 가장 많이 보내고 있는 시간은 어느 사분면에 속하는가? 65세 이상 한국 노인들에게 살아오면서 가장 후회되는 것이 무엇인지 물었다. 그분들의 대답은 "걱정하느라 너무 많은 시간을 보냈다"는 것이었다. 걱정에 사로잡혀 보내는 시간은 2사분면의 시간이 아니다. 2사분면에 집중하지 않고 중요한 일을 미루거나 외면한다면, 어느 날 그것은 1사분면으로 넘어가 급하고도 중요한 일이 되어버릴 수 있다. 그럴 경우 좋지 않은 결과를 맞이할 수 있다. 왜 그럴까?

스티븐 코비는 이를 설명하기 위해 항아리와 서로 다른 크기의 돌멩이들을 사용했다. 당신 앞에 항아리 하나가 놓여 있다고 생각해보자. 그 옆에는 ①바윗돌과 ②자갈 ③모래가 놓여 있다. 이 돌들과 자갈, 모래는 넣는 순서만 맞는다면 항아리에 모두 들어갈 수 있는 분량이다. 어떤 순서대로 넣어야 항아리에 모두 넣을 수 있을까? ③, ②, ①의 순서로 넣는다고 가정해보자. 즉 먼저 모래를 항아리에 넣는다. 그 위에 자갈을 넣고 그 위에 바윗돌을 넣어보려고 하지만 이미 항아리에는 더 이상 들어갈 공간이 없다. 어떻게 해야 할까?

그렇다. ①, ②, ③의 순서로 넣어야 한다. 먼저 가장 큰 바윗돌을 항아리에 넣고, 그 다음에 큰 자갈을 그리고 마지막으로 가장 알갱이가 작은 모래를 넣는다. 그러면 바윗돌 사이의 공간은 자갈이 메우고, 자갈 사이의 공간은 모래가 채우면서 항아리에 모두 들어갈 수 있다. 여기서 바윗돌이 바로 2사분면의 시간이다. 자갈은 1사분면, 모래는 3, 4분면의 시간이다.

필자는 자녀들이 어릴 때는 앞만 보며 열심히 일하며 돈을 모았다가 자녀가 성인이 되어 이제는 경제적으로 살 만해졌지만 자녀는 아직도 방황하고 있고, 근심 가운데 살아가는 부모들을 많이 보아왔다. 그들이 한결같이 후회하며 하는 말은 "그때는 너무 몰랐어요. 다시 그때로 돌아갈 수만 있다면 아이에게 친절하게 대해주면서 좋은 시간을 많이 보낼 겁니다"라는 것이다.

부모들의 후회는 아이들이 아직 어리거나 청소년 시절에 2사분면에 더 자주 시간을 내지 못했다는 것이다. 이것을 예방하는 해결책은 부모가 2사분면을 우선순위로 시간을 내는 것이다. 2사분면의 시간은 소중한 사람과 함께하는 양질의 시간이며 추억을 만드는 시간이다. 추억은 우리의 삶을 더욱 살 만하고 풍성하게 만든다.

어떻게 추억을 만들 것인가? 시간을 내야 한다. '시간이 나면' 가족과 시간을 보내는 것이 아니라 '시간을 만들어서' 가족과 시간을 보내는 것이다. 어떻게 2사분면을 위한 시간을 낼 것인가?

정기적으로 가족과 양질의 시간을 갖겠다고 결심해야 한다. 더 좋은 날이 올 것이라는 희망으로, 쉬지 않고 '뛰기'만 하는 부모가 적지 않다. 자녀와 함께하는 양질의 시간은 계속 미뤄진다. 이것은 마치 한 번도 쉬지 않고 1만 미터를 뛰는 것과 같다.

2사분면을 위해 시간을 내는 것은 1만 미터를 100미터씩 100번 뛴다는 생각으로 사는 것이다. 목적지까지는 좀 느리게 갈 순 있지만 가족과 함께 100번의 쉼을 누릴 수 있다. 주중에는 2사분면을 위한 시간을 내기 어렵다고 해도 정기적으로는 일주일에 하루, 비정기적으로는 공휴일이 생길 때마다 시간을 내서 가족이 함께 2사분면에 해당하는 양질의 시간을 보내자. 어떻게 2사분면을 위한 시간을 보낼 것인가?

이 책을 통해서 새롭게 해보겠다고 다짐하거나 실천해보겠다고 결심한 것을 '스마트SMART'하게 한 문장으로 적고 실천해보자. 여기서 '스마트(SMART)'한 목표는 specific(단순하고 구체적인), measurable(숫자로 측정 가능한), achievable(성취할 수 있는), realistic(현실적인), time limited(시간에 제한을 두는)하게 목표를 설정하는 것이다.

다음의 예를 참고하기 바란다.

◉ 활동에 관한 목표

1. "나는 앞으로 한 달 동안 일주일에 적어도 반나절 동안은 자녀가 원하는 활동을 하며 시간을 보내겠다."
2. "나는 앞으로 한 달 동안 적어도 한 번은 가족과 함께 반나절 이상 야외 활동을 하며 보내겠다."

◉ 소통에 관한 목표

1. "나는 앞으로 한 달 동안 일주일에 적어도 15분 정도는 자녀와 '안전 공감 대화법'으로 소통하겠다."
2. "나는 앞으로 한 달 동안 일주일에 적어도 30분 정도는 자녀 양육에 관해 배우자와 '안전 공감 대화법'으로 소통하겠다."

(2사분면의 시간을 위한) 나의 활동 목표는?

"나는 앞으로 _____동안 _____에 적어도 ____분 정도 _____에 관해 _____와 _____으로 _____하겠다."

(2사분면의 시간을 위한) 나의 활동 목표는?

"나는 앞으로 _____동안 _____에 적어도 ____분 정도 _____에 관해 _____와 _____으로 _____하겠다."

축구 선수 이영표가 이런 말을 한 적이 있다.

"당신이 최선을 다한다고 해서 반드시 일등이 되거나 성공하는 것은 아닙니다. 하지만 분명히 변화는 생길 것입니다."

2사분면을 위해 '스마트한 목표'를 세우고 지키려는 노력이 반드시 기대하는 만큼의 '성공'으로 이어지지는 않을 수 있다. 하지만 분명한 것은 '변화'가 있다는 사실이다.

■ 독자 여러분의 소중한 원고를 기다립니다

메이트북스는 독자 여러분의 소중한 원고를 기다리고 있습니다. 집필을 끝냈거나 집필중인 원고가 있으신 분은 khg0109@hanmail.net으로 원고의 간단한 기획의도와 개요, 연락처 등과 함께 보내주시면 최대한 빨리 검토한 후에 연락드리겠습니다. 머뭇거리지 마시고 언제라도 메이트북스의 문을 두드리시면 반갑게 맞이하겠습니다.

■ 메이트북스 SNS는 보물창고입니다

메이트북스 홈페이지 www.matebooks.co.kr

책에 대한 칼럼 및 신간정보, 베스트셀러 및 스테디셀러 정보뿐만 아니라 저자의 인터뷰 및 책 소개 동영상을 보실 수 있습니다.

메이트북스 유튜브 bit.ly/2qXrcUb

활발하게 업로드되는 저자의 인터뷰, 책 소개 동영상을 통해 책에서는 접할 수 없었던 입체적인 정보들을 경험하실 수 있습니다.

메이트북스 블로그 blog.naver.com/1n1media

1분 전문가 칼럼, 화제의 책, 화제의 동영상 등 독자 여러분을 위해 다양한 콘텐츠를 매일 올리고 있습니다.

메이트북스 네이버 포스트 post.naver.com/1n1media

도서 내용을 재구성해 만든 블로그형, 카드뉴스형 포스트를 통해 유익하고 통찰력 있는 정보들을 경험하실 수 있습니다.

메이트북스 인스타그램 instagram.com/matebooks2

신간정보와 책 내용을 재구성한 카드뉴스, 동영상이 가득합니다. 각종 도서 이벤트들을 진행하니 많은 참여 바랍니다.

메이트북스 페이스북 facebook.com/matebooks

신간정보와 책 내용을 재구성한 카드뉴스, 동영상이 가득합니다. 팔로우를 하시면 편하게 글들을 받으실 수 있습니다.

STEP 1. 네이버 검색창 옆의 카메라 모양 아이콘을 누르세요.　　STEP 2. 스마트렌즈를 통해 각 QR코드를 스캔하시면 됩니다.
STEP 3. 팝업창을 누르시면 메이트북스의 SNS가 나옵니다.